全球治理的中国方案

国际反恐合作 的 中国方案

李伟　范娟荣　杨溪◎著

五洲传播出版社

图书在版编目（CIP）数据

国际反恐合作的中国方案 / 李伟，范娟荣，杨溪著 . -- 北京：
五洲传播出版社 , 2019.3
（全球治理的中国方案）
ISBN 978-7-5085-4132-7

. ①国… Ⅱ . ①李…②范…③杨… Ⅲ . ①反恐怖活动 – 国际合作
– 研究 Ⅳ . ① D815.5

中国版本图书馆 CIP 数据核字（2019）第 044359 号

◎ "全球治理的中国方案" 丛书

出 版 人：荆孝敏

国际反恐合作的中国方案

著　　者：李　伟　范娟荣　杨　溪
责任编辑：苏　谦
助理编辑：秦慧敏
装帧设计：澜天文化

出版发行：五洲传播出版社
地　　址：北京市海淀区北三环中路 31 号生产力大楼 B 座 7 层
邮　　编：100088
发行电话：010-82005927，82007837
网　　址：http://www.cicc.org.cn　http://www.thatsbooks.com
承 印 者：中煤（北京）印务有限公司
版　　次：2020 年 7 月第 1 版第 1 次印刷
开　　本：787mm×1092mm 1/16
印　　张：16
字　　数：200 千字
定　　价：68.00 元

前言

前言

　　长期以来，恐怖活动一直是世界各国所面临的一大威胁。到了现代，恐怖活动更是形成有组织、有系统、有规模、有极端意识形态支撑的恐怖主义体系，对人类社会构成越来越大的威胁与危害。尤其是 20 世纪 60 年代以来，国际局势动荡不安，民族之间矛盾迭起，宗教及教派之间冲突不断。国际恐怖主义组织抓住这些"有利土壤"，迅速生根发芽，伺机发展蔓延。自 20 世纪 70 年代起，恐怖组织不断"创新"恐怖袭击手段与方式，密集采用劫机、汽车炸弹等方式发动袭击。冷战后美国的"一家独大"，不仅没有遏制恐怖主义的猖獗，反而催生了国际恐怖组织"基地"。"9·11"事件后，美国举全国之力先后发动几场反恐战争，却依然没有改变"越反越恐"的局面。"基地"组织并没有随着本·拉登的被击毙而消亡，仍在继续作恶。与此同时，"伊斯兰国"的兴起，成为超越"基地"组织的另一个"恐怖核心"。这两股恐怖势力的分支遍布全球，恐怖主义活动愈演愈烈。

　　作为当今世界上最大、最具权威性的国际组织，联合国一直致力于打击恐怖主义。联合国通过的一系列反恐公约、安理会的反恐决议，加之设立反恐专门机构，促进了世界各国对恐怖主义危害的共同认知，推动了国际社会反恐合作的深化，强化了国际社会打击恐怖主义的能力。面对当前及今后复杂的国际形势，联合国应继续从国际社会的整体利益出发，担任国际反恐合作的协调者和主导者。除联合国外，区域性国际组织也纷纷将反恐作为合作的重要内容。这些区域性国际组织针对地区性恐怖威胁，采取有效合作措施，取得了切实的成果。如上海合作组织成员国在打击"三股势力"①上充分合作，极大地遏制了"三股势力"在本地区活动的猖獗势头。再如东盟国家合作打击活跃在该地区的"伊斯兰祈祷团"，迫使该组织化整为零，威胁减小。与此同时，国际反恐的双边合作越来越多，成效也更加突出。

虽然国际社会对反恐的重视程度越来越高，投入的力量也不断加大，但总体而言，效果与投入并不呈正比。也就是说，国际反恐的投入没有收到应有的成效。自20世纪70年代起，各国开始更加重视反恐工作，并着手加强国际反恐合作，但合作的深度和广度极其有限。直到"9·11"事件爆发，加强国际反恐合作才被提到空前重要的地位，各国纷纷采取多种措施打击恐怖主义。然而，时至今日，世界各地的很多国家依然未找到反恐的治本之策。由于恐怖主义对于国际、国内的政治经济、民族宗教、历史现实、文化传统等矛盾、问题、冲突的利用，加之国际社会对"恐怖主义定义"和"恐怖主义根源"的争议，一些国家在反恐时仅以本国战略利益为考量，从本国利益出发，将反恐作为"工具"来使用，使国际反恐的艰巨性、复杂性和长

---

① "三股势力"指暴力恐怖势力、民族分裂势力和宗教极端势力。

期性凸显。同时，恐怖活动多为跨国行为，缺乏有效的国际反恐合作机制，成为制约反恐的一个瓶颈。如何摆脱反恐合作的困境，是各国亟待思考和解决的问题。

与世界上大多数国家一样，中国也面临严重的恐怖主义威胁。但中国长期以来坚持以国际社会整体利益为出发点的反恐战略、正确的反恐义利观和综合的反恐观，经过标本兼治的综合治理，极大地遏制了恐怖主义在中国境内活动的猖獗势头。作为负责任的大国，在国际反恐合作上，中国坚持反对一切形式的恐怖主义，坚持反对反恐的"双重标准"，坚持以联合国为主导的国际反恐合作机制，坚持将反恐纳入区域性国际组织合作的范围，坚持务实的双边反恐合作。与中国国内的反恐实践一致，中国坚持国际反恐应在打击恐怖主义的同时，注重解决产生恐怖主义的根源问题；采取综合治理的方式，真正解决恐怖主义问题。

特别需要指出的是，针对国际反恐与反恐合作存在的问题，中国提出了从人类社会发展整体利益出发的国际反恐合作方案。对于困扰人类社会几千年的不同宗教、民族、文化等之间的矛盾、冲突问题，中国倡导的"人类命运共同体"理念，超越了不同意识形态，使国际社会在解决诸多问题上有了共同的利益基础。在具体实践中，中国提出共建"一带一路"倡议，为推动国际社会的总体发展贡献了"中国方案"。中国认为，以发展促安全，以安全保发展，是全面解决恐怖主义问题的必由之路。

本书共分为四章：第一章对现代恐怖主义的发展、特点以及导致恐怖主义活动日益猖獗的原因进行了系统梳理；第二章主要介绍国际反恐合作的发展过程，重点分为联合国在国际反恐合作中的地位与作用、区域性国际组织的反恐合作，以及一些国家的双边反恐合作；第三章主要分析这一时期国际反恐出现的悖论问题，即在国际社会不断加强反恐的情况下，恐怖主义活动反而越来越猖獗的现象，重点分析了国际反恐合作存在的制约性因素；第四章重点介绍中国在国内的反恐实践、中国一贯的反恐主张和中国在国际反恐合作中发挥的积极作用，重点是阐述中国为解决人类社会共同面临的恐怖主义问题而提出的"中国方案"。

第一章
国际恐怖主义的发展态势

恐怖活动古已有之，但真正形成有系统、有组织、有纲领、有意识形态支撑的政治目的的恐怖主义，是从现代才开始的。由于恐怖主义并不总是血淋淋地呈现在世人面前，而是经常披上各种貌似"正义"的外衣，加之有些势力对其加以利用，因此导致国际社会对"恐怖主义"的界定难以形成统一。虽然在不同的历史阶段，恐怖主义的"借口"有所不同，高举的"旗帜"各异，但其本质就是极少数人为追求政治利益，而蛊惑追随者针对民众使用极端暴力的现象。

随着社会发展、科技进步和全球化的持续深入，恐怖主义的组织形态、活动方式、袭击手段也在不断发生变化，无论是活动范围、危害程度、袭击频率，还是造成的人员伤亡、引发的社会恐慌，各方面的威胁都呈上升态势。当前世界出现深刻变化与转型，各类矛盾、问题与冲突激化，给了恐怖主义更多可乘之机，恐怖主义发展蔓延呈现愈演愈烈之势。特别是"基地""伊斯兰国"等恐怖组织的出现，使恐怖主义对国际社会构成的整体威胁与危害达到一个空前的高度。

第一节
二战至冷战结束期间国际恐怖主义的态势

现代恐怖主义源自 20 世纪 60 年代末。到了 70—80 年代，恐怖袭击以爆炸、绑架、暗杀等活动最为突出，并出现劫机、汽车炸弹、地铁爆炸等针对交通工具与设施的恐怖袭击手段。仅 1970—1972 年，就发生劫机案 196 次。据不完全统计，在 1970—1979 年的 10 年间，全世界因恐怖袭击致死的人数达 4000 人，年均 400 余人；80 年代全世界共发生近 4000 起恐怖活动，比 70 年代增加了 30%，死亡人数翻了一番。恐怖袭击的目标和范围也已超出国界，开始形成跨国恐怖主义。

一、多种类型的恐怖主义威胁与危害凸显

通常所讲的恐怖主义，是指非战争状态下的带有政治目的的暴力行为。恐怖分子蔑视任何战争规则和惯例，可以不加区别地袭击任何人和任何设施，对所有现存道德都不屑一顾，手段极其残忍。与战争所造成的气氛不同，恐怖主义所造成的恐惧是普遍的，是包

括所有人的 [①]。

第二次世界大战结束以来，国际恐怖主义呈现出以下特征。

（一）国际恐怖主义渐成规模

国际社会恐怖组织种类繁多，根据这些组织所高举的"旗帜"和所利用的"矛盾""问题"，大致可将其分为四种类型：民族分裂恐怖组织、宗教极端恐怖组织、极右恐怖组织和极左恐怖组织 [②]。

一是极左恐怖组织。20世纪60年代至冷战结束期间，国际上最活跃的恐怖组织当数极左恐怖组织。极左恐怖组织主要是打着对现行的社会政治制度极度不满的旗号，声称为了改变社会政治进程以至夺取政权，可以采取暗杀、爆炸等极端暴力行为。具有代表性的极左恐怖组织主要有：德国"红军派"，成立于1970年，由安德列亚斯·巴德、古德伦·安司林等人建立。他们声称要把"绝大多数人"从敌人压迫中解救出来，采取的手段却是纵火、爆炸、绑架、暗杀，先后制造多起血腥暴力事件，如暗杀西门子公司总裁贝库茨、德意志银行行长赫尔豪森、德国联邦总检察长布巴克、德国托管局局长罗韦德尔等知名人物。意大利"红色旅"，由雷纳托·库乔创建于1970年，成员是一些激进的左翼工人和学生，其最著名的行动是在1978年绑架并杀害意大利时任总理阿尔多·莫罗。日本"赤军"，成立于1969年，首领重信房子，成员由20世纪60年代末学生运动中的极端分子组成，鼓吹通过暴力实现"世界革命"，先后实施一系列恐怖袭击活动。法国"直接行动"，由30多名骨干分子及数百名外围协助者组成，其中外籍、女性成员占了相当高的比重，且

[①] 李少军：《恐怖主义的界定》，《国际纵横》1995年第2期，14页。

[②] 吴学永：《当代国际恐怖主义的类型与特点》，《学习时报》2009年8月17日。

被法国恐怖组织"直接行动"杀害的警察的遗属。

有充足的活动资金和武器装备，杀伤能力极强。该组织以破坏资产阶级的社会安全和秩序为宗旨，最大限度地制造恐怖气氛，达到推翻资产阶级统治、重建所谓"新的政权"的目的，其最著名的行动是暗杀法国国防部将军奥特朗和法国雷诺汽车公司总裁贝斯。秘鲁"光辉道路"，其目标是以"新民主"取代现有的资产阶级民主。1983年，该组织残忍杀害包括23名孩子在内的69名卢卡纳马尔卡村村民。这些极左恐怖组织相互之间保持着千丝万缕的联系。

二是民族分裂恐怖组织。具有代表性的组织包括：英国"爱尔兰共和军"，20世纪60年代末随着北爱尔兰民权运动的高涨和民族冲突的激化而兴起，1969年12月分裂为正统派和临时派，其后两派之间出现了严重分裂，临时派成为主要的势力，并大肆进行爆炸、暗杀等暴力活动，如1979年暗杀英国海军元帅蒙巴顿。法国"科西嘉民族解放阵线"，成立于1976年，其行动主要针对法国，以争取科西嘉岛成为独立国家为最终目的，被法国政府列为恐怖组织。西班牙"埃塔"，成立于1959年，原为佛朗哥时代巴斯克地区的地下组织，佛朗哥独裁统治结束后，逐渐发展成为危害整个西班牙社会的主张暴力的分裂主义恐怖组织。从1968年起，"埃塔"制造了一系列的恐怖活动，造成大量伤亡。斯里兰卡"泰米尔伊拉姆猛虎解放组织"，又称"泰米尔猛虎组织""猛虎组织"，是斯里兰卡泰米尔族的反政府武装组织，其最常用的暴力手段是"自杀性爆炸袭击"，不少世界高官政要在该组织的袭击中遇难。

三是宗教极端恐怖组织。宗教极端恐怖组织是带有明显宗教狂热色彩或打着宗教旗号的团体，为捍卫其所信奉宗教的"神圣性""至高性"和实现其建立至纯的单一宗教制国家的企图，而主动采取铲除"异己"和滥杀无辜的血腥残暴行为。

四是极右恐怖组织。极右恐怖组织属于极右势力，20世纪60年代末期以后开始泛滥。为了维护现状，阻止社会进步，极右恐怖组织针对左派政党与组织，在社会上广泛采取恐怖破坏活动。其典型代表是泛滥于欧美的极右恐怖组织，其中绝大多数都属于新纳粹组织，它们通过现代化的网络连为一体，频频制造恐怖事件。

（二）恐怖袭击目标扩大，手段更加多样

二战后，恐怖袭击所针对的目标发生巨大变化，不仅针对各国政要、高层官员、金融巨头等重要人物，还开始袭击无辜平民，袭击地点甚至包括宗教场所、大楼等建筑物。恐怖袭击手段也不断翻新，不再局限于单纯的刀具或手枪，而是采取劫机、绑架、爆炸等更具杀伤力和破坏力的方式，造成更大的恐慌效果。

1. 劫机事件频繁发生

人类第一起劫机案发生在 1931 年的秘鲁，但由于当时航空业及通信设施不发达，未引起轰动效应。1947 年，一名保加利亚劫机分子成功叛逃西欧，震惊世界。从此，劫机事件就在东西欧之间不断上演。20 世纪 60—70 年代，一些极端分子开始把劫机作为达到某种政治目的的"杀手锏"，劫机事件因此在全球范围内迅速蔓延。80 年代后，劫机事件呈现出新特点：一是国际恐怖分子是劫机事件的主要制造者；二是手段越来越凶残，制造大量带有轰动效应的血腥事件，如 1984 年科威特民航机被劫持事件中，恐怖分子连续杀害 4 名人质，并对人质进行拷打；1985年埃及民航机被劫持案，造成 60 人死亡、28 人受伤。类似事件举不胜举。

2. 汽车炸弹爆炸事件逐渐增多

通过对 20 世纪 80 年代以来的国际重大恐怖爆炸案进行分析、归纳、对比，我们发现，恐怖爆炸在作案手段、实施规模、达成效果乃至指导思想方面，都有了突飞猛进的发展。其中，汽车炸弹爆炸事件主要分为两类：一是恐怖分子驾驶装满炸药的汽车迅速接近目标，然后弃车逃走并引燃炸弹，如沙特美军基地遭恐怖袭击案、俄罗斯克里姆林宫门前爆炸案；另一类是事先将装满炸药的汽车停放在某处，然后遥控引爆炸弹，如高加索爆炸案和俄罗斯系列汽车炸弹爆炸案。

（三）美国开始成为恐怖组织袭击的主要目标

这一时期发生的一系列针对美军的自杀性爆炸案，无论是形式还是理念都较以往有了重大突破，袭击原因主要是在政治上对美国充满敌意。如 1983 年美驻黎巴嫩贝鲁特军事基地遇袭事件，其发生背景是以色列发动第五次中东战争时，在以军取得明显军事优势的情况下，巴解组织与以军达成停火协议，同意撤出黎巴嫩。一支由美国、法国、意大利等国家组成的多国部队很快进驻黎巴嫩，负责监督巴解组织的撤离行动。被袭击的美国海军陆战队作为多国部队的一部分进入黎巴嫩，并且在监督工作结束后继续留在黎巴嫩"维持和平"。在战争中与巴解组织共同作战的黎巴嫩"真主党"以及背后支持他们的伊朗认为美国支持以色列，一直对美国充满敌意，因此对贝鲁特军营进行了袭击。

二、国际恐怖主义日趋猖獗的原因分析

恐怖主义既是殖民主义制造的历史遗物，也是世界处在变革时期的一种极端反应。作为一种特殊形式的犯罪活动，它不仅造成大量人员伤亡和财产损失，更为突出的是给人们的心理带来了巨大恐慌。在许多国家，恐怖活动极大地阻碍了经济发展，引起政局动荡，最终的受害者仍是普通百姓。国际恐怖主义之所以能够发展蔓延，与国际局势、时代特点、民族问题、宗教冲突等因素息息相关。

（一）美苏争霸的国际局势是国际恐怖主义发展的重要因素

冷战时期的国际关系以美苏对抗和两大集团的对峙为特征。20世纪60年代是国际政治力量大动荡、大分化、大改组的时期。随着北约和华约的建立，美苏争霸格局正式形成。激烈对抗势必引发矛盾与冲突。以美国为首的资本主义阵营与以苏联为首的社会主义阵营展开了一轮又一轮的争夺，爆发了一次又一次的危机，引起了一次又一次的战争，包括第二次柏林危机、古巴导弹危机、朝鲜战争、越南战争、阿富汗战争等。

冷战期间，美苏争霸，东西对峙，两方对垒，阵线分明。几乎所有的国际政治活动都带有冷战烙印。一方面，军事力量集结于地缘战略枢纽的两洋沿线与欧亚心脏地带，军事对立掩盖了各种矛盾。分裂、极端、

恐怖等黑恶势力活动的多发地带，基本上处于大国军事力量的"高压脊"控制之下，恐怖活动肆虐的条件不成熟。另一方面，冷战导致地理格局上东西分隔的"铁幕"，同时在日本、西欧一些发达国家内部，保守与革新两股思潮左右对垒，在意识形态上亦拉上了一道无形的"铁幕"。一些恐怖主义组织以意识形态为包装、以社会变革为幌子、以暴力恐怖为手段，不断制造耸人听闻的爆炸、绑架、劫机事件，企图用"血与火"的手段，在国际上制造轰动效应，满足自身的政治要求。如意大利"红色旅"、日本"赤军"等组织即为此类极左恐怖组织①。

冷战期间国际关系错综复杂，变化多端。世界经历了社会主义阵营和资本主义阵营长期对抗、苏美两国实力不断消长变化以及各自阵营内部矛盾分化转变的过程。利比亚、阿富汗在"改朝换代"前都曾是美国的盟友，后来却成了美国的"眼中钉、肉中刺"。

1988年洛克比空难的发生，就是美国与利比亚关系走向"冰点"的一个缩影。冰冻三尺，非一日之寒。自1969年利比亚领导人卡扎菲上台以来，美国与利比亚的关系就一直在走下坡路，双方积怨已久。最尖锐的对抗发生在1986年，当年4月15日，时任美国总统里根亲自下令，出动战机轰炸的黎波里和班加西。虽然卡扎菲在这次大轰炸中幸免于难，但他的养女却被炸死了。美国认为，卡扎菲是一个不听话的狂人，对美国在中东乃至非洲的利益是极大的威胁。卡扎菲的所谓"不听话"，体现在方方面面：一是1970年利比亚收回美国在利的惠勒斯空军基地，并驱逐数千名美军士兵，当时该基地是美国在海外最大的空军基地；二是1973年卡扎菲宣布，从班加西至密斯莱达湾西部的锡德拉湾属于利比亚水域，任何在此水域航行的舰船都应离开，否则将受到利比亚的攻击；

① 陆忠伟：《把脉世界》，北京：中央编译出版社，2009年，46—51页。

1988 年 12 月 21 日，美国泛美航空公司的一架波音 747 客机在苏格兰小镇洛克比上空爆炸坠毁，造成机上 259 人和地面 11 人丧生。这次空难被视为是利比亚针对美国的一次报复性恐怖袭击，是"9·11"事件事件发生前针对美国的最严重的恐怖袭击事件。

三是利比亚与苏联越走越近，让美国难以接受；四是伊朗人质事件背后也有利比亚的身影。里根就任美国总统后不久，在"重振国威"旗号的指引下，美国对利比亚进行强力打击，遏制了利比亚意图充当地区霸主的势头。更重要的是，从此美国开始摆脱长期以来处处受苏联压制的局面，重新确立世界霸主的地位，其意义相当重要[1]。但此举致使本就"如履薄冰"的美国与利比亚关系愈加水火不容。在军事实力悬殊的情况下，利比亚无力与美国进行正面抗衡，但"强人"卡扎菲又不甘心受制于人，因此选择策划、实施洛克比空难对美国进行打击报复。

再如美国与阿富汗的关系。在 1979 年苏联入侵阿富汗期间，美国

---

[1] 《利比亚与美国的交恶史》，https://www.lszj.com/lishijiemi/11200.html。

曾向阿富汗抵抗苏联的"圣战者"提供大量武器弹药及资金,包括著名的 FIM-92 毒刺导弹。但美国对阿富汗的援助却催生了后来时常以美国为袭击目标的"基地"组织。冷战时期,为镇压、颠覆反美、亲苏、亲共政权,美国在阿富汗训练了来自 30 多个国家的大批伊斯兰"圣战"力量。这些以青年为主体的队伍,接受过各种"特殊战争"能力训练,不仅有极强的暴力倾向,而且具备随时从事"自杀性攻击"的胆量,并能自行制造威力强大的定时、遥控等各类炸弹。他们大多是阿富汗战场上的主力,后来被美国遗弃在阿富汗,大批人只能自谋生路,其中绝大部分返回原籍参加或自行成立了"圣战组织"①。80 年代本·拉登在阿富汗抗击苏联入侵时,依托巴基斯坦在托拉博拉及邻近地区设立基地,帮助前来援助阿富汗抵抗力量的多国伊斯兰"圣战者",这是"基地"组织一名的由来②。具有讽刺意味的是,在 2001 年美军入侵阿富汗的战争中,大量当年美国援助阿富汗的武器被用于打击美军及北约部队。

(二)民族冲突与宗教矛盾是恐怖主义发展的重要推手

首先,民族冲突严重导致恐怖主义日益猖獗。冲突背后隐藏着深刻的历史根源,既有宗教的、文化的、民族的因素,更重要的是大国干预等外部因素,各种因素互相影响、激化,使得各方冲突的复杂性非同一般。最典型的,一是巴以冲突极其尖锐。巴以冲突是中东地区冲突的热点之一,是阿以冲突及中东战争的一部分,其根本原因是双方对同一块土地提出排他性的主权要求。二是斯里兰卡民族矛盾十分激化。"泰米尔伊拉姆猛虎解放组织"的建立,就是其矛盾激化的结果。斯里兰卡民族矛

---

① 中国现代国际关系研究所反恐怖研究中心:《国际重大恐怖案例分析》,北京:时事出版社,2003 年,290 页。

② 孙昂:《国际反恐前沿——恐怖主义挑战国际法》,黑龙江:黑龙江教育出版社,2013 年,21 页。

盾肇始于英国殖民统治时期。在斯里兰卡这个多民族的国家，信奉佛教的僧加罗族约占全国人口的 74%，在政治上占主导地位；信奉印度教的泰米尔族约占全国人口的 18%，政治和社会地位相对较低。两族历史上曾和睦相处、共御外侮。自 16 世纪初欧洲殖民主义者入侵后，尤其是在 1948 年独立前受英国殖民统治的 150 余年中，殖民主义者在斯里兰卡推行分而治之的策略，使两族结下积怨。1948 年斯里兰卡独立后，政治上处于劣势的泰米尔族人对由僧伽罗族人主持的政府所推行的语言、就业、教育和宗教等方面的政策不满，两民族之间的矛盾日益激化，多次发生流血冲突。20 世纪 70 年代初，泰米尔人正式提出建立独立的"伊拉姆国"的主张，1976 年 18 个泰米尔人政党组成联合解放阵线，要求在泰米尔人聚居的东部和北部地区实行自治，一些激进分子随后分裂出来，组成"泰米尔伊拉姆猛虎解放组织"。

其次，宗教冲突使恐怖主义泛滥。中东地区宗教纠纷错综复杂，犹太教、基督教和伊斯兰教三大宗教都发源于此地，三教之间均相互存有矛盾。即使是在伊斯兰教内部，逊尼派、什叶派、苏菲派等教派之间也是矛盾重重。多数阿拉伯国家的穆斯林是逊尼派，只有伊朗等少数几个海湾国家的穆斯林是什叶派。1979 年 2 月，伊朗发动伊斯兰革命，以霍梅尼为代表的什叶派穆斯林上台执政，此后海湾和其他阿拉伯国家对伊朗的教义输出抱持警惕态度。什叶派与逊尼派之间的矛盾是导致两伊战争的重要因素之一。黎巴嫩的教派冲突则是另一种典型。黎是阿拉伯国家中唯一的由穆斯林和基督教徒两大类居民组成的国家。1975 年 4 月，黎巴嫩基督教和伊斯兰教两派爆发内战，内战持续 15 年才结束。叙利亚自 1976 年 10 月起在黎巴嫩驻军，并扶植黎国内的"真主党游击队"。此外，英国"爱尔兰共和军"的产生也是缘于教派冲突。20 世纪 60 年代末，英国经济持续萧条，失业率居高不下，受到冲击的首先就是天主教徒。

1969 年，英国天主教徒掀起声势浩大的游行示威活动，要求与新教徒享有平等权利。英国当局对游行示威进行武力镇压，制造了流血事件，这从反面助长了"爱尔兰共和军"的势力。

（三）极左思潮是国际恐怖主义生长的关键要素

冷战时期，相当一部分恐怖主义组织是在极左思潮指导下从事活动的，像德国"红军派"、法国"直接行动"、意大利"红色旅"、日本"赤军"、秘鲁"光辉道路"等，都是当时有代表性的极左恐怖组织[①]。

20 世纪 60 年代国际局势动荡不安，当时西欧蓬勃兴起的学生运动，使这些国家的执政当局感到了切实威胁，反政府的浪潮几乎席卷整个西方发达国家。1967—1968 年法国学生高举"反帝、反资、反战"的旗帜，在街头构筑街垒与警察对峙，最终掀起了著名的"五月风暴"。在日本、美国、意大利、西德等国家，学生也群起响应，走上街头与警察进行面对面的搏斗。这些学生运动最终被镇压下去，然而其中的一些极端分子却转化为恐怖分子。参加过法国学生运动的意大利籍学生雷纳托·库乔，就是其中的代表性人物。库乔认为，简单的游行示威难以动摇当局的统治，必须采取更"有效"的"使权力机构残废的运动"。于是，意大利出现了奇怪的现象，许多政府官员、公务员被人打碎了膝盖骨而站不起来。

几乎是一夜之间，许多西方发达国家出现了众多的类似暴力组织，如西德"红军派"、意大利"红色旅"等。进入 20 世纪 70 年代，这些组织把更为残暴的行动提上议事日程，它们认为暗杀、绑架、劫持更具有恐吓性，也能对政府构成更大威胁，并将这些恐怖行动称为"武装宣

---

① 王明进：《后冷战时期恐怖主义的特点与国际反恐合作》，《国际政治》，2004 年第 1 期，12 页。

传"。虽然它们打着"为解放广大劳苦大众""为工人农民谋福利"等诸多诱人的旗帜，但事实上已沦为彻头彻尾的恐怖主义。这些极左恐怖组织不仅未能真正动摇当局的执政地位，而且随着恐怖活动的不断升级，造成越来越多的无辜百姓伤亡与社会恐慌，它们的同情者越来越少。

第二节
冷战结束至"9·11"期间
国际恐怖主义的态势

进入 20 世纪 90 年代以后，国际恐怖主义态势有了明显的变化，老的恐怖组织开始逐渐退出历史舞台，新的恐怖组织开始出现。据联合国发表的"全球恐怖活动状况"报告，1997 年全球恐怖活动再次增多，高达 560 起，死亡 420 人。报告称："国际恐怖主义活动中死亡的人数增加了。因为恐怖活动日趋残酷地袭击无辜平民并使用爆炸力更大的炸药或炸弹。"

一、国际恐怖主义进入迅猛发展阶段

冷战结束，两极对抗的状态基本消失，但美国作为全球唯一超级霸权国家，并未给世界带来和平与稳定。相反，失去苏联这个最大的对手，美国变本加厉地在全球干预他国事务，进一步谋求本国利益。美国给这个世界制造了更多的麻烦和问题，而这些恰恰又是恐怖主义所亟须的。因此，冷战结束并未削弱恐怖主义，反而使恐怖主义的发展更加迅猛。

（一）"基地"组织形成国际恐怖组织网络

该组织创立于1988年苏联入侵阿富汗后期，建有多处训练基地，对从各国来到阿富汗的成员进行恐怖活动训练。苏军撤退后，其目标转为美国和伊斯兰世界的"腐败政权"。"基地"组织信仰伊斯兰教逊尼派分支瓦哈比派，现任首领艾曼·扎瓦赫里。目前主要有六大分支：一是"阿拉伯半岛基地组织"，又称"基地"组织也门分支；二是"伊拉克基地组织"；三是"伊斯兰马格里布基地组织"，又称"基地"组织北非分支；四是"基地"组织在中东重要分支"努斯拉阵线"（也称"支持阵线"）；五是与"基地"组织有关联的极端组织索马里"青年党"；六是与"基地"组织有关联的"东突"恐怖组织。

2002年8月，美军在阿富汗东南部山区进行"山地清扫"军事行动，搜捕塔利班和"基地"组织残余分子。

（二）极右恐怖组织死灰复燃、活动猖獗

20世纪90年代后，由于国际大环境的剧变和有关国家的严厉打击，以极左思潮为特征的恐怖组织逐渐消亡，有的宣布放弃暴力活动，有的则趋于瓦解，不再构成大的威胁。但在极左组织退出历史舞台时，以新纳粹为代表的极右种族主义又在一些西方国家中死灰复燃[①]。主要是因为苏联解体后，大量难民涌向西欧，时逢西欧国家处于经济不景气状态，失业增加，人们生活水平下降，这为极右的极端种族主义的兴起提供了一个大的社会背景。大量的新纳粹组织涌现之后，把社会问题归罪于外来移民，并针对有色人种族进行恐怖活动。如美国的极右恐怖组织"民兵组织""光头党"、欧洲的新纳粹组织等频繁进行暴力活动。新纳粹组织在美国、欧洲、俄罗斯、澳大利亚等地迅速发展，它们不仅经常举行各种集会、散发传单，利用摇滚音乐大肆宣扬极端种族主义，还不断制造种族歧视的暴力活动[②]。尤其是在德国、意大利、奥地利、西班牙、丹麦、英国等欧洲国家，极端种族主义的排外恐怖暴力活动达到高潮。此外，美国的三K党也再度活跃起来，并积极与西欧的新纳粹组织联系，以期建立国际性联盟。当然，人们也应看到，极右恐怖主义组织的迅速兴起与西方国家长期以来的"打左纵右"政策不无关系[③]。

极右势力活动主要表现为：一是大肆进行极端种族主义宣传，向政府机构及军队渗透。例如，在德国发生多起现役军人参与新纳粹暴力活动的事件。英国在1999年3月的一次调查中，对14处军人住宅进行突击搜查，发现一些宣传新纳粹的光盘及其他宣传品，该14名军人均与

---

① 李伟：《国际恐怖主义问题的回顾与展望》，《现代国际关系》2000年第Z1期，31—33页。

② 中国现代国际关系研究所反恐怖研究中心：《国际重大恐怖案例分析》，北京：时事出版社，2003年，403—404页。

③ 杨明杰、何希泉、李伟等：《恐怖主义根源探析》，《现代国际关系》2002年第1期，54—62页。

新纳粹组织有关。二是不断掀起排外暴力浪潮，将几乎所有外来移民、有色人种当成袭击和纵火的对象。三是收罗枪支弹药，进行恐怖爆炸暗杀等活动。仅 1999 年 4 月，一个自称为"战斗 18"的新纳粹组织就在英国伦敦连续进行 3 起爆炸，造成 2 人死亡、125 人受伤。1995 年，美国俄城爆炸案的主犯麦克维就是一名土生土长的白人极右恐怖分子。

（三）恐怖主义活动的新特点

这一时期恐怖主义活动呈现出更加多元化的状态，包括恐怖组织的多元化、恐怖手段和方式的多元化、恐怖袭击目标和对象的多元化等。

1. 使用化学武器进行恐怖袭击

冷战结束后，恐怖组织在实施恐怖袭击时不断创造"新花样"。自 1995 年"奥姆真理教"在日本东京地铁施放"沙林"毒气事件以来，国

1995 年 3 月 20 日，奥姆真理教邪教组织人员在日本东京地铁上施放沙林毒气，造成 13 人死亡和 6000 多人受伤。图为 2018 年 3 月 20 日，当地举行仪式纪念受害者。

际社会对这种原材料便宜、制作容易、杀伤力十分广泛的生化武器一直心有余悸。在英国,1999 年有人威胁要在供水系统中下毒,引起民众的极大恐慌。新型恐怖活动的破坏力更强,也更难防范。

2. 袭击平民的特点更加突出

冷战后,恐怖组织开始更加肆无忌惮地滥杀无辜。如在阿尔及利亚,经常是整个村庄的包括妇女、儿童和老人在内的平民惨遭集体恐怖大屠杀;1997 年在埃及卢克索,有 60 多名外国游客被残酷杀害;"9·11"事件更是明证,"基地"组织追求屠杀更多平民,以此达到引起全球关注的轰动效应。

3. 恐怖袭击活动的矛头直指美国

在现代国际恐怖主义活动的几十年中,美国一直是恐怖袭击的主要目标。对美国的恐怖攻击大致可分为三个层面:第一是以攻击美驻世界各地的军事基地和设施为主,如 1983 年使用汽车炸弹攻击美驻黎巴嫩贝鲁特军事基地事件、1996 年沙特美军基地爆炸案;第二是攻击美驻外官方机构,如 1998 年美在东非的两个大使馆同时被炸案件;第三是当美国对这些机构加强防范措施后,恐怖活动目标又转向美在各国的民间企业、文化娱乐机构和餐饮业。究其原因,这与美国一直奉行对外扩张、推行强权政治、极力充当世界警察的外交政策不无关系[①]。

4. 恐怖行为隐蔽性和杀伤性增强

冷战结束后,恐怖活动发生策略性转变,由署名的示威性恐怖活动转向匿名的恐怖屠杀。这是 20 世纪 90 年代国际恐怖主义最为显著的特点。联合国"全球恐怖活动状况"报告强调:"恐怖行为更具隐蔽性和杀伤性。"由于国际社会对恐怖活动的危害已逐步达到一定的共识,慑

---

① 李伟:《国际恐怖主义问题的回顾与展望》,《现代国际关系》2000 年第 Z1 期,31—33 页。

于国际社会的压力，一些国家对恐怖活动的支持、资助有所减少或变得更为隐秘，许多臭名远扬的恐怖组织的活动明显减少，或销声匿迹。20世纪80年代末以前，国际恐怖活动主要着眼于引起新闻媒体广泛注意，进行示威性恐怖爆炸后即表示承担责任；冷战后则有所不同，匿名的国际恐怖活动大量增加。因为他们发现保持神秘也是一种武器，其恐怖作用高于以往的声张。像美国驻东非使馆在1998年8月17日被炸，至今还没有人声称对其负责，就是一例。

5. 打着宗教旗号的恐怖组织活动进一步扩散

进入20世纪90年代，随着美国全球独霸战略的加速推进和泛伊斯兰地区势力的日渐衰落，打着宗教旗号的恐怖组织逐渐形成自身的恐怖袭击特色：精心策划、多头合作、统一指挥、异地实施。大规模、有组织、多处连环的爆炸案，成为该时期恐怖案件的重要特征，其规模和效应在20世纪90年代末至新世纪初被推向极致。此外，在一些国家与地区，一些反政府力量借助极端宗教思想的恐怖活动进一步升级，并把恐怖活动扩展到本国政府的国际支持者身上，借以进行所谓"宗教革命"。如1995年夏，阿尔及利亚"伊斯兰武装集团"在法国本土连续进行8起恐怖爆炸事件。

6. 利用有组织犯罪集团从事恐怖活动

通过有组织犯罪集团为恐怖活动筹集资金、招募人员，已经成为恐怖主义的重要特征。例如，1993年孟买爆炸案的主要嫌犯就是有印度黑社会"教父"之称的达伍德·伊布拉希姆的手下梅蒙兄弟，这起案件由境外宗教极端分子与本国黑社会势力合为[1]。

---

[1] 中国现代国际关系研究所反恐怖研究中心：《国际重大恐怖案例分析》，北京：时事出版社，2003年，290页。

二、国际恐怖主义迅猛发展的成因分析

美国虽然自认为取得了冷战的胜利，但其未能想到的是，曾经为其所利用的一些抗苏"圣战"力量会转而将矛头对准自己。与此同时，全球化使得人口流动的便利性大大加强，互联网使得这个世界变得"更小"。此外，在两极格局解体下新的国际环境中，出现许多新的矛盾与问题，恐怖主义能够利用与借助的冲突增加，活动空间更加广阔。

（一）美国"独霸天下"酿苦酒

1990 年 10 月，德国统一。1991 年 7 月，华沙条约组织解体。同年 12 月，苏联解体。这些重大事件标志着两个超级大国的激烈争夺和东西方两大集团的对抗结束，世界格局步入美国"一家独大"时代。

冷战的结束被不少西方国家看成是西方的胜利，是西方价值观的胜利。为了进一步巩固西方的领导和优越地位，以美国为首的西方国家试图确立以西方为主导的世界新秩序，并按自己的意图改造世界。尤其是作为冷战后唯一超级大国的美国，毫不顾及他国的安危与尊严，依靠强权不断干涉别国内政，强行输出美式价值观。与此同时，美国推行霸权的中东政策，在两伊战争中支持伊拉克，以削弱伊朗；在伊拉克成为中东地区军事最强大的国家且入侵科威特后，美国又联合盟国发动"沙漠风暴行动"重创伊拉克，并对其实施旷日持久的制裁；在巴以冲突中，美国由于其国内犹太势力的强大压力和与以色列的传统关系，明显偏袒以色列，长期给予以色列经济、军事援助，这一切都引起阿拉伯世界的强烈不满。这些所作所为在激化他国矛盾的同时，也为恐怖主义所利用，使美国成为恐怖分子"报公仇""泄私愤"的众矢之的。1996 年，美军驻沙特宰赫兰基地之所以被袭击，就是因为袭击者坚决反对美国进驻中

东的做法，发誓要"严惩叛逆者和入侵美军"。

此外，恐怖主义也进一步沦为大国间互相较量并加以利用的工具，如冷战期间受美国援助对抗苏联进行"圣战"的伊斯兰教原教旨主义极端分子中，最有名的当数"基地"组织。在"基地"组织成员看来，是美国在苏联撤出阿富汗后抛弃了他们，并采取了新殖民主义的中东政策。因此，"基地"组织对美国的价值观产生了强烈的抵触，从而诉诸武力[①]。

（二）全球化趋势成为"双刃剑"

冷战结束后，两个超级大国"一亡一衰"，美国虽然"独霸武林"，但整体实力相对衰落；欧（特别是德国）、日的地位进一步提高，成为美国的主要竞争对手；俄罗斯在国际事务上依然拥有重要影响力；中国的国际地位不断提高，在国际事务的作用不断增强；第三世界国家的经济快速增长。与此同时，各国普遍把发展经济作为本国工作的重中之重，并加强了经济往来与交流，各国相互依存和合作的发展趋势加快。随着世界经济迅速走向全球化，各国经济紧密联系、相互影响、利益交融，形成"你中有我、我中有你"的纵横交叉局面。全球多极化趋势凸显。

然而，国际恐怖主义也趁机"钻空子"，利用全球化趋势不断发展壮大自己，境内与境外互相串联、互相依赖、互为掩护。如"基地"组织前头目本·拉登，利用雄厚的财力，不仅自己建立恐怖活动基地，训练国际恐怖分子，而且支持许多伊斯兰国家的反政府力量以及一些民族分裂势力的恐怖暴力活动，如支持俄罗斯车臣恐怖分子及"东突"恐怖分子等。

---

① 林泉：《航空恐怖主义犯罪的防范与控制》，北京：法律出版社，2015年，31页。

2009 年 6 月 3 日，斯里兰卡政府在首都科伦坡举行盛大仪式，庆祝政府军击败了反政府武装"泰米尔伊拉姆猛虎解放组织"。

（三）旧的民族矛盾趋于缓和，新的民族冲突再起高潮

长期以来，一些民族分裂势力，如英国的"爱尔兰共和军"、法国的"科西嘉民族解放阵线"、西班牙的"巴斯克民族与自由组织"（简称"埃塔"）等，频繁进行恐怖暴力活动，使相关国家深受其害。冷战结束后，这些国家的政府对民族分裂势力采取"既打又谈"的政策，逐渐取得成效。1997 年，法国的"科西嘉民族解放阵线"停止暴力活动，宣布自行解散。在英国进行恐怖活动长达 30 年之久的"爱尔兰共和军"也于 1998 年宣布停火，并在 1999 年参加政治和谈，取得有效成果。"巴斯克民族与自由组织"于 1998 年 9 月宣布无限期停火。值得注意的是，虽然这些组织的主流部分同意停火，但其内部的少数强硬派仍坚持暴力斗争，有些派别分裂出来后仍在进行恐怖活动。

当这些旧有的民族矛盾有所缓和时，随着苏联解体，原先在"冷战"时期两极格局下掩盖的许多矛盾充分暴露出来。一些地区和国家内的民族矛盾在某些外部势力的支持、怂恿下急剧激化，更加尖锐复杂，引发大量恐怖活动。如1993年斯里兰卡总统被暗杀事件，反映出斯里兰卡日益尖锐的民族矛盾。其国内分离主义组织"泰米尔伊拉姆猛虎解放组织"为了在国内制造政治骚乱、削弱政府对该组织的军事和政治压力，频频使用暴力恐怖手段。在北约轰炸南斯拉夫后，该组织就提出要进行更大规模的恐怖活动，以促使外部势力介入，为其从斯里兰卡分裂出去铺平道路。

（四）外部势力插手助长恐怖活动的嚣张气焰

国际事务中的诸多不公正现象也成为一些恐怖主义组织发展的借口。在国际上，发达国家为了本国利益，凭借其政治、经济、军事实力的优势主导国际事务，忽视现实社会中各国民族、宗教、文化与传统的多样性，强行推销本民族的价值观，为本国政治与经济利益服务，竭力扶持亲己政权，从而形成了一种推行强权政治、干涉他国内政的国际秩序格局，在实质上为恐怖主义发展拓宽了空间。

在一些国家内部，因民族、宗教不同以及区域发展的不平衡产生了许多实际问题，这些矛盾在外来势力的干预下迅速激化。尤其是西方一些国家基于本国利益及战略考虑，在他国制造矛盾，扶植恐怖组织。例如，在南斯拉夫的科索沃，民族分裂组织"科索沃民族解放军"自1997年以来不断进行恐怖暴力活动，大量屠杀科索沃塞族居民，曾被美国国务院认定为恐怖组织。但当南斯拉夫为维护社会稳定、国家统一而对"科索沃民族解放军"进行严厉打击时，以美国为首的北约竟绕开联合国，公然武装干涉南斯拉夫内政，逼迫南部队撤离科索沃。以美国为首的北

2005 年 3 月 14 日，前科索沃总理拉穆什·哈拉迪纳伊（Ramush Haradinaj）（右）抵达荷兰海牙国际法庭接受审判。哈拉迪纳伊曾任前阿族非法武装"科索沃民族解放军"的重要领导人，因残杀塞尔维亚人被联合国特别法庭控告 37 项战争罪。

约部队进驻科索沃后，又偏袒与姑息"科索沃民族解放军"。1999 年 7 月 26 日，14 名塞族平民惨遭集体枪杀；8 月 1 日，科索沃首府普里什蒂纳市中心一座正在兴建的东正教堂内遭炸弹袭击；11 月 7 日，科索沃恐怖分子向一个村庄的塞族居民点发射 9 枚爆炸物。与此同时，国际上一些国家罔顾事实，大肆宣扬"人权高于主权"，为干涉别国内政寻找借口和工具。国际上这种新干涉主义的出现，实质上是对民族分裂势力搞国际恐怖活动的一种姑息与支持，使得在新世纪中解决这一问题变得加困难。任何国家的民族分裂势力都有可能进行大规模的恐怖活动，屠杀无辜百姓，从而引起国际社会的关注，来吸引新干涉主义的介入。

再如，在俄罗斯车臣地区，车臣恐怖分子为达到"车臣独立"的目标不断扩大恐怖活动规模，给人民的生命财产带来巨大损失。车臣恐怖分子自 1995 年制造布琼诺夫斯克市人质绑架事件后，相继制造了多起恐怖袭击事件，仅 1999 年就制造了至少 15 起恐怖事件，造成 338 人死亡、550 多人受伤。当俄罗斯当局出兵打击车臣恐怖分子时，以美国为首的西方国家又开始指手画脚。1999 年 11 月 9 日，美国时任总统克林顿发表讲话，称美国和其他西方国家应在此问题上对俄施压，促使俄改变在车臣问题上的做法。克林顿还要求俄总理普京立即停止在车臣境内的"暴力行动"，并把车臣问题定义为"种族冲突"。

第三节

后"9·11"时代国际恐怖主义的态势

一、国际恐怖主义呈多点爆发且不断上升态势

"9·11"事件的发生，标志着国际恐怖主义的威胁与危害达到一个新的高度。这说明国际恐怖主义不仅形成了真正意义上的国际恐怖网络，而且有能力发动大规模恐怖袭击，成为国际秩序面临的一大威胁。特别是"伊斯兰国"的兴起和肆虐，更显示恐怖主义在一定时期内也有能力建立一个"实体性"的"国家"，对国际社会构成的危害达到新的高度。

（一）恐怖组织借助地区动荡迅猛发展

2003 年美国错误地发动针对伊拉克的"反恐战争"，使得"基地"组织得以在伊拉克建立分支机构。而始于 2010 年底的突尼斯"茉莉花革命"，以及接下来蔓延至中东其他国家的动荡，使得"基地"组织伊拉克分支得到快速发展，最终演变为"伊斯兰国"恐怖组织。与此同时，其他地区和国家的恐怖组织趁机兴风作浪，或更加活跃，或加入"伊斯

兰国"，恐怖袭击更是愈演愈烈。

1. 国际恐怖组织"伊斯兰国"构成新威胁

2014年，"伊斯兰国"头目阿布·贝克尔·巴格达迪自称哈里发，将"伊拉克伊斯兰国"更名为"伊斯兰国"，宣称自身对整个伊斯兰世界拥有权威地位，自此开启了血腥的占领之路。哈佛大学教授斯蒂芬·沃尔特认为，"伊斯兰国"不同于对控制领土毫无兴趣的"基地"组织，而是一个野心勃勃地试图开疆拓土的"革命国家"（Revolutionary State）[①]。在其"鼎盛"时期，曾占领伊拉克、叙利亚各1/3的土地。2015年开始，在美、俄各自反恐联盟的打击下，"伊斯兰国"在伊、叙战场上接连受创；2017年，其所谓"国家"形态已被摧毁，但这并不意味着"伊斯兰国"

2017年5月7日，尼日利亚博尔诺州，82名奇博克镇女学生被释放。她们于2014年4月14日被伊斯兰教激进组织"博科圣地"持枪绑架。

---

① 王震：《"9·11"以来全球反恐困境探析》，《社会科学》2017年第9期。

被彻底剿灭。作为国际恐怖势力，"伊斯兰国"的极端主义思想将长期存在，目前正加速向北非、南亚、东南亚等地区渗透和扩张。

2. 区域或国别恐怖组织仍十分活跃

一是"博科圣地"。该组织成立于2004年，长期盘踞在尼日利亚东北部地区，经常发动恐怖袭击，2015年宣布效忠"伊斯兰国"极端组织。据路透社报道，自2009年以来，"博科圣地"的暴力活动已造成超过2万人死亡、200万人流离失所。该组织于2014年、2018年先后两次大规模绑架女学生，并强迫她们与该组织的武装人员结婚。

二是"伊斯兰祈祷团"。该组织系印度尼西亚恐怖组织，与国际恐怖组织"基地"有关联。它涉嫌在东南亚制造了多起恐怖事件，最出名的当数印尼巴厘岛爆炸惨案。2003年8月，印尼首都雅加达万豪酒店发生爆炸，造成包括4名外国人在内的15人死亡、153人受伤，"伊斯兰祈祷团"难逃干系。随后印尼逮捕了"伊斯兰祈祷团"的精神领袖巴希尔，该组织的200多名成员也相继被东南亚国家的安全部门抓获，其实力受到严重削弱。但应该注意到，"伊斯兰祈祷团"毕竟是一个跨地区的恐怖组织，其成员分布区域较广，完全将其铲除绝非一日之功。

三是索马里"青年党"。该组织系索马里主要的反政府武装组织，前身为"伊斯兰法院联盟"，成立于1991年，同"基地"组织有关联。索马里"青年党"控制着索马里中南部大部分国土，并一直想要推翻非盟与西方国家支持的索马里政府。2009年和2012年，该组织先后两次宣布效忠"基地"组织并接受其领导。

四是库尔德工人党。该组织成立于1978年，主要成员由土耳其库尔德人组成，宗旨是在地处土耳其、伊拉克、伊朗和叙利亚交界处的库尔德人居住区建立一个独立的"库尔德斯坦共和国"。该组织1980年被土政府取缔后转入地下活动，自1984年以来，一直在土东南部地区从事反政府活动，并多次与土政府军发生冲突，造成 3 万多人丧生。20 世纪 90 年代后，被美国和欧盟列为恐怖组织。

（二）国际恐怖主义全球化、严重化的趋势明显

在人类历史长河中，恐怖主义作为多种矛盾交织的极端表现形态长期存在[①]。当前恐怖主义威胁几乎遍及世界各个角落，一些具有相同"诉求""旗号"与"土壤"的恐怖势力相互呼应、融合，对全球造成严重威胁。这种全球化的恐怖势力具有极强的生存、演化与发展、蔓延能力，成为国际关系中的一种"另类"力量。

1. 恐怖主义涉及的国家越来越广

"9·11"事件后，极端势力恐怖袭击对象从硬目标扩大到软目标甚至散目标。不论军警宪特，还是平民百姓，不论政府重地，还是寻常民家，无一幸免。极端势力以"伊斯兰国"为首，杀戮无辜，罪行滔天；且垂而不死，长期顽抗，肆虐能量巨大[②]。虽然国际社会加大了反恐的合作力度，大多数国家也不断强化自身的反恐怖能力，然而，国际恐怖主义却如抗药性极强的病毒一般在人类社会的机体中不断滋生蔓延。其结果是恐怖主义"病灶"持续增加，"病症"更加复杂。就"病灶"而言，东南亚、南亚、中东、俄罗斯乃至非洲的肯尼亚等都曾遭受恐怖主义袭击。就"病症"而言，"9·11"后国际恐怖主义对人类社会所造成的侵害更具"综合性"[③]。据不完全统计，在"9·11"事件发生前后的 2000 年和 2001 年，全球每年遭受恐怖袭击的国家为 30—40 个，2015 年全球

---

① 李伟：《国际恐怖与反恐怖斗争态势的变化》，《现代国际关系》2010 年第 6 期，38—46 页。

② 陆忠伟：《反恐十思："9·11"15 年回眸》，《人民政协报》2016 年 9 月 9 日。

③ 《2003 年世界大势前瞻》，《现代国际关系》2003 年第 1 期，1 页。

遭受恐怖袭击的国家数量已达到 92 个。其中，中东、南亚、中亚、东南亚和非洲等"破碎地带"和许多所谓"失败国家"更是全球恐怖活动"重灾区"[①]。

美国在"9·11"事件后发动了两场"反恐战争"，不仅未能消灭恐怖主义，反而使恐怖主义呈更加蔓延之势。

欧洲虽然在 20 世纪后半叶一直是各种现代恐怖主义的发源地，但其受到来自世界其他地区恐怖主义的威胁并不大，而且经过 30 多年的综合反恐治理，欧洲本土各类恐怖活动也相对有所缓解[②]。"9·11"事件后，由于欧洲国家在美国发动阿富汗战争、伊拉克战争时给予了声援与支持，因此被国际恐怖主义纳入视线范围。以"基地"组织为首的国际恐怖主义势力开始在欧美等发达国家酝酿、策划、实施新的恐怖袭击，发生在 2004 年的"3·11"恐怖袭击就突破了欧洲反恐防线。

在俄罗斯，其恐怖惨案不断发生的根源主要在于车臣非法武装疯狂发动恐怖袭击。近年来，由于俄罗斯介入叙利亚打击"伊斯兰国"，因此也成为"基地""伊斯兰国"的恐怖袭击目标。2017 年 4 月 3 日，俄罗斯圣彼得堡遭遇恐怖袭击后，"伊玛目谢米尔营"宣称这是在"基地"组织头目艾曼·扎瓦希里的指令下发动的攻击，目的是报复俄罗斯对叙利亚、利比亚和俄罗斯车臣共和国等的"暴力行动"。

2. 恐怖袭击的频率不断加大

根据美国国务院发布的年度报告，即便在发生"9·11"事件的 2001 年，全球范围内的恐怖袭击事件也仅为 348 起，造成的全部伤亡人数为 4655 人。由于国际社会的反恐努力，"9·11"事件发生次年，全球范围内

---

① 王震：《"9·11"以来全球反恐困境探析》，《社会科学》2017 年第 9 期，16—28 页。

② 李伟：《2004 年的国际恐怖与反恐斗争形势综述》，《国际资料信息》2005 年第 2 期，1—9 页。

2017 年 4 月 3 日，一颗炸弹在俄罗斯圣彼得堡地铁列车里爆炸，造成 50 余人伤亡，俄方将此事件定义为恐怖袭击。图为俄罗斯民众向爆炸案遇难者献花。

的恐怖袭击数量一度大幅下降，全年恐怖袭击案件仅为 199 起，共造成 725 人死亡，2283 人受伤。然而，"9·11"事件发生 10 年之后的 2011 年，全球恐怖袭击数量却飙升到 10283 起，因恐怖袭击而丧生的人数为 12533 人，受伤人数为 25903 人，被绑架者为 5554 人。2015 年，全球恐怖袭击案件进一步增至 11774 起，共造成 28300 人死亡，35300 人受伤，另有 12100 人被绑架或劫持为人质。换言之，2015 年全球平均每月发生 981 起恐怖事件，案发频率和造成的伤亡程度都已大大超过了"9·11"事件之前。根据英国简氏恐怖主义与叛乱情报中心（JTIC）统计，包括恐怖活动在内的武装暴力事件在 2016 年增长了 27%，从 2015 年的 18987 起增至 24202 起。其中，约 18% 的案件系"伊斯兰国"组织所为，全球 45% 以上的武装暴力事件发生在伊拉克和叙利亚地区[①]。

2016 年全球恐怖袭击造成 25673 人死亡。与前两年相比，虽致死人数有所下降，但形势仍令人担忧。与过去 17 年相比，越来越多的国家有恐怖袭击发生。2016 年共计 77 个国家发生过至少一起恐怖活动致死事件，较 2015 年的 65 个国家有所增加[②]。

3. "独狼式"恐怖分子呈"井喷式"爆发趋势

所谓的"独狼"，是指受到激进思想影响、在网上受训或自制装置并密谋在美欧等本土国家发动恐怖袭击的人。"9·11"事件后，由于受到全球反恐形势以及各国加强反恐防范措施的重压，"基地""伊斯兰国"恐怖组织越来越重视"独狼"战术，其行动模式正从布置恐怖"单兵"向鼓动"个体圣战者"转型。

2008 年，经合组织国家只发生 1 起"独狼式"恐怖袭击。然而 2017 年前 6 个月，该地区就发生了 58 起"独狼式"恐怖袭击，与 2016 年全年数量持平。主要原因有三：一是原教旨主义和政治因素是"独狼"恐怖袭击的主要内在动因。在美国等国家，政治因素已经超越原教旨主义，成为"独狼式"恐怖袭击的首要内在动因。二是"独狼式"恐怖袭击的实施者性别特征突出，多有犯罪记录。据统计，从 2015 年至 2017 年 6 月，经合组织地区 93% 的"独狼式"恐怖袭击的实施者为男性，年龄从 17 岁到 55 岁不等，平均年龄为 30.4 岁。70% 以上的"独狼"恐怖分子有犯罪前科，11% 在恐怖袭击前曾赴叙利亚。三是"独狼"恐怖分子的种族、社会经济地位、受教育程度、宗教信仰呈现多元化。经合地区在欧债危机、难民危机、政治右倾化、贸易保护主义、排外主义等多

---

① 王震：《"9·11"以来全球反恐困境探析》，《社会科学》2017 年第 9 期，16—28 页。

② Institute for Economics and Peace(IEP). Now released: Global Terrorism Index 2017[EB/OL]. [2017-11-15]. http://www.visionofhumanity.org.

重因素的共同作用下，社会被严重割裂，各族群之间对立尖锐，社会局势动荡多变。不同类人群都可能会成为"独狼"恐怖分子，以恐怖袭击为手段表达自身政治诉求或发泄不满。

近年来，美国"独狼"式恐怖袭击呈高发态势。仅以2017年个案为例，10月1日，美国拉斯维加斯一露天音乐会发生有史以来最惨重的枪击事件，导致59人死亡、527人受伤。10月31日，美国纽约曼哈顿发生一起卡车撞人事件，一名29岁的男子突然驾驶卡车撞向人群，并持枪对人群进行扫射，导致8人死亡、11人受伤，嫌犯在袭击过程中用阿拉伯语高呼"真主至上"。11月5日，美国得克萨斯州萨瑟兰斯普林斯市一所教堂发生枪击事件，造成至少27人丧生、20人受伤。此外，欧洲也是备受"独狼"恐怖分子青睐的地区。2017年3月22日，英国议会大厦威斯敏斯特宫外发生恐怖袭击事件，嫌犯驾车冲撞行人及持刀伤人，造成5人死亡、40多人受伤。同年8月17日，西班牙巴塞罗那市发生驾车撞人恐怖袭击事件，造成21人死亡、130人受伤。

4. 生化武器被公然使用且针对平民

"9·11"事件后的美国炭疽邮件事件是第一起成功的生物恐怖活动。2017年4月4日，叙利亚人权观察组织指出，多架战机疑向叙利亚西北部一个市镇投掷毒气，造成至少100人死亡、约400人受伤，死者包括11名儿童。叙利亚军方否认在反政府武装控制区使用毒气，战机所属派别组织未能确定，毒气的性质亦未能确认。治疗毒气伤者的医院其后再遭轰炸。此外，核生化袭击等非传统恐怖活动的威胁在增大。与传统恐怖主义不同，核生化恐怖主义具有以下特点：一是杀伤力大；二是隐蔽性强；三是恐怖效应大。

5. 针对特定宗教的恐怖活动明显加剧

值得关注的是，由于极端宗教恐怖活动在欧美地区的泛滥和极右思

2017年10月1日晚，美国拉斯维加斯，一名枪手向举行露天音乐节的人群扫射，造成至少59人死亡和500多人受伤，这是美国现代历史上伤亡最惨重的枪击事件。图为当地民众悼念枪击案遇难者。

潮的兴起，针对特定宗教的恐怖活动呈现明显加剧的趋势。2014年以来，针对伊斯兰教的恐怖活动增长了3倍。德国、法国、奥地利的反伊斯兰组织十分活跃，经常组织反伊斯兰示威游行，在社会上传播"恐穆斯林"思想，并通过设立训练营等方式不断加强自身武装化建设，向暴力型组织转变。2017年6月19日，英国一名男性白人在伦敦芬斯伯里清真寺附近开车冲撞正在祷告的穆斯林群众，并高喊"我要杀光所有穆斯林"[1]。

（三）当前国际恐怖主义组织态势分析

当前国际恐怖组织除了形成网络化外，还呈现出碎片化和扁平化的态势。"伊斯兰国"和"基地"组织仍是当前世界上存在的最大的国际

---

① 马愿：《<2017年全球恐怖主义指数报告>解读》，《国际研究参考》2018年第2期，19—24页。

恐怖势力，其他恐怖组织则以区域性或国别性组织形态存在。

1. "伊斯兰国"

"伊斯兰国"在叙利亚和伊拉克节节败退，但是其他地区的恐怖主义威胁仍在"步步紧逼"。2017年11月21日，伊朗总统鲁哈尼和伊拉克总理阿巴迪都宣布"伊斯兰国"已被剿灭。但是，美西方国家遭受的恐怖主义袭击呈现上升态势，其他一些地区和国家面临的恐怖主义威胁也丝毫没有减少。

事实上"伊斯兰国"的"国"虽然不在了，但是"伊斯兰国"作为组织仍然存在，其恐怖威胁仍然存在。第一，"伊斯兰国"的成员构成主要有两部分，一部分是伊拉克、叙利亚的本土成员，另一部分是外来的"圣战斗士"。现在往外跑的大多数是后者，有人称之为"回流"，但更准确的说法是"转移"，因为这些人回到母国的概率很低，而且各国都在严密监管从伊、叙回来的人员，即便他们回到母国，进行恐怖活动的难度也很大，因此他们更多的是"转移"到其他地方活动。第二，对西方国家的"独狼式"恐怖威胁将长期存在。在"伊斯兰国""基地"等组织极端意识形态的影响下，欧美国家面临的"独狼式"威胁不会因为"伊斯兰国"在伊、叙被剿灭而减少，因为恐怖主义的极端意识形态是军事手段消灭不了的。第三，在中亚、南亚、东南亚等地，仍有很多极端组织或恐怖组织打着"伊斯兰国"的旗号招募人员、进行恐怖活动。例如，在东南亚，有几十个极端武装组织宣称与"伊斯兰国"有关或宣布为其分支下属，其中"阿布沙耶夫武装"等更是宣布要将菲律宾南部纳入"伊斯兰国"的"版图"。2017年5月，菲律宾军警与"穆特组织"和"阿布沙耶夫武装"在南部城市马拉维发生交火。菲律宾总统杜特尔特认为"穆特组织"和"阿布沙耶夫武装"企图联手建立独立政权，进而控制整个棉兰老岛。第四，随着"伊斯兰国"失去在伊、叙的地盘，其已将更多的注意力转移到非洲，尤其是北非和西非地区。非洲是今后国际反恐需要重点关注的一个地区。

2. "基地"组织

虽然过去几年"伊斯兰国"的风头盖过"基地"组织，但这并不代表"基地"组织不存在。例如，"基地"组织有很多活跃的分支机构，除了前面提到的几个外，还有叙利亚的"夏姆征服阵线"（前身是"基地"叙利亚分支"支持阵线"）、也门南部的"阿拉伯半岛基地组织"、南亚的"印度次大陆基地分支"等，这些分支机构都是当地主要的恐怖组织，影响力不容小觑[1]。

3. 其他恐怖组织

除了以"伊斯兰国"和"基地"组织为核心的国际恐怖势力外，还有一些与这些组织意识形态并不相同的其他恐怖组织，如苏丹"公平与平等运动""苏丹人民解放运动（北方局）"、埃塞俄比亚"欧加登民族解放阵线"、巴基斯坦"俾路支斯坦联合军"、乌干达"圣灵抵抗军"等。这些恐怖组织不同程度地对这些地区和国家构成安全威胁。

二、国际恐怖主义全球化、严重化的成因分析

虽然恐怖主义利用各种矛盾、问题和冲突为其暴力活动寻找"正当"的"借口"，但毋庸讳言，美国在世界上的所作所为不仅激化了原有的一些矛盾，而且也制造了一些新的冲突，使得恐怖主义滋生蔓延的土壤更加肥沃。

---

[1] 李伟：《"一带一路"建设面临的恐怖威胁与应对》，http://www.zahd.com.cn/news/html/?1114.html。

（一）国际恐怖主义是美国全球"反恐战争"的副产品

"9·11"事件后，美国仗着"独霸天下"的强大实力，在全球展开"反恐战争"，不断扩大军事打击范围，致使国际恐怖势力借机利用矛盾不断发展壮大，活动日益猖獗。美军事反恐最大的负面影响，就是成为"基地"组织招兵买马的一面大旗。美军伤及无辜民众、伊拉克虐囚事件、欧洲黑狱事件、关塔那摩亵渎《古兰经》事件等，使"基地"组织获得了活生生的"教材"，"基地"网络由此不断扩展。越来越多与"基地"目标或"理念"相同的恐怖与极端组织，或与"基地"结盟，或加入"基地"恐怖网络。最终，以"基地"为核心的国际恐怖主义威胁得以全球化。国际恐怖主义全球化的一个突出表现，就是通过"撬动"美国影响世界。当今国际关系与世界格局深受几个大国及大国集团影响，其中唯一超级大国美国的作用更是关键中的关键。恐怖主义把恐怖袭击目标对准美国，就触动了国际关系中最重要的关键点[①]。2012年6月7日，土耳其外长达武特奥卢在伊斯坦布尔全球论坛上表示，"现在恐怖主义在全球泛滥，已经没有宗教和国界的限制，任何国家都不能幸免。"

除了美国的霸权政策不得人心外，引发国际恐怖主义在新世纪泛滥成灾的更深层次原因可以用全球化"陷阱"来解释。冷战结束后，全球化加速发展，其双刃剑作用的另一面是带来南北发展差距进一步拉大。南北竞争力从不平衡到严重失衡，数字鸿沟更是呈几何级数扩大。"中心"与"外围"、依附与被依附关系更加明朗，一些南方国家在全球化进程中日益边缘化。当然，贫穷未必直接产生恐怖。大多数发展中国家及这些国家的人民不会因贫困而与西方对抗，但怨恨情绪比较普遍，并与蔓延西方的反全球化等思潮产生共振，为国际恐怖主义的滋生提供了"天

---

① 李伟：《国际恐怖与反恐怖斗争态势的变化》，《现代国际关系》2010年第6期，38—46页。

然土壤"[1]。

（二）互联网成为恐怖组织鼓动各地发动恐怖袭击的重要平台和工具

近年来，国际恐怖势力擅长利用互联网招募、培训人员，炮制、传播极端思想，并策划、实施恐怖袭击。

1. 互联网成为国际恐怖组织之间串联、合作的工具和平台

查尔斯·约翰逊指出，造成恐怖活动在全球范围内扩散的核心变量主要有三个，即恐怖袭击目标（Target）的扩大化、恐怖活动所需的技术（Technology）进步和国际社会对恐怖活动的容忍度（Tolerance），也就是所谓的"3Ts"。其中，技术进步极大地增强了国际恐怖组织活动的能力和威力，甚至为其带来了颠覆性变化。"伊斯兰国""基地"组织各分支之间的纵向联系，及其与其他恐怖组织之间的横向沟通，主要依赖互联网；甚至包括其招募恐怖分子，以及恐怖分子主动向其投靠，也离不了互联网的"大力支持"。

2. 互联网成为培养"独狼式"恐怖分子的"恐怖学校"

"独狼式"恐怖分子呈不断上升态势，他们通常妄图以最小成本和代价取得轰动效果。主要有两类：一类是"自我激进化的恐怖分子"，即本身具有宗教极端思想或同情暴恐活动及人员，主动在网上搜索、学习暴恐视频后"激进化"，成为"独狼式"恐怖分子；另一类是按照恐怖组织提供的资料进行学习，并在恐怖组织的策划、指挥下，在所在国或赴他国实施恐怖袭击的"独狼式"恐怖分子。调查人员发现，2017年12月11日纽约爆炸案的嫌犯乌拉，先是读了"基地"组织的宣传杂志，

---

[1]　杨明杰、何希泉、李伟等：《恐怖主义根源探析》，《现代国际关系》2002年第1期，54—62页。

然后在网上学习如何做炸弹。他甚至没有去加密网站，只是用普通浏览器进行简单搜索，就发现如何制造爆炸物的信息，是典型的"自我激进化的恐怖分子"。2017年10月31日发生在美国曼哈顿的恐怖袭击事件，是美国自"9·11"以来遭遇的最严重的恐怖袭击。调查结果显示，该事件是赛波夫一人作案的"独狼式"袭击，其手机中保存有大量极端视频。纽约州长库默宣称，袭击者是在网上学会制作爆炸装置的。

3. 互联网成为传播极端主义思想的重要渠道

一是"基地"组织等恐怖组织除自身不断策划、组织恐怖袭击活动外，更加注重借助互联网，通过发布视频与录音讲话等，煽动一些与恐怖组织并无直接联系的团体和个体进行恐怖袭击。同时，进行恐怖袭击的主体越来越多"年轻化"与"本土化"现象，以及全球出现的"群龙无首"的"个体圣战"问题，值得高度重视[①]。二是"伊斯兰国"的策略是在网上发出视频信息，号召那些无法到国外与该组织并肩作战的支持者，在欧洲或美国自行发动袭击。2017年12月12日，在特朗普宣布耶路撒冷为以色列首都后，"伊斯兰国"发布新一轮"恐怖威胁海报"，警告将对美国纽约、加州和华盛顿特区展开袭击。同日，纽约纽新航港局发生未遂自杀式恐怖袭击事件。袭击者系美永久居民阿卡耶德·乌拉，他被认定受到"伊斯兰国"极端思想的影响。事实上，2016年以来，"伊斯兰国"曾多次发布音视频，宣称"世界各地皆舞台，多神教敌人皆为袭击目标"，鼓动追随者就地"圣战"。2017年5月，"伊斯兰国"名为"罗马"(Rumiyah)的网络杂志呼吁所在国恐怖分子发动恐袭。此外，"伊斯兰国"还威胁要在圣诞节"血洗梵蒂冈"、袭击美国时代广场和2018年世界杯赛场，甚至对英国的乔治小王子发起威胁。

---

① 李伟：《国际反恐与防扩散》，《领导文萃》2010年第5期，15—20页。

2016 年 5 月 11 日，联合国安理会就"反击恐怖主义言论和意识形态"举行公开辩论。安理会当日通过主席声明，敦促共同打击恐怖和暴力极端组织利用言论和意识形态招募人员实施恐怖行为，有效遏制恐怖主义思想传播。

（三）宗教认同成为国际恐怖主义用作掩护的外衣

所谓"宗教认同"一直是恐怖主义极具迷惑性的外衣。恐怖主义虽然以民众的生命为代价进行"武装宣传"，但他们并不承认自己是恐怖主义。他们往往找到许多貌似正义的理论伪装自己：把屠杀民众称为"暴力革命"；把分裂活动冠名为"争取民族解放"；把宗教矛盾大写为"宗教压迫"；把极端民族主义谎称为"争取民族独立"，如此等等。恐怖分子借此蛊惑、煽动、吸收了一些人员，并迎合了某些别有用心的"第三势力"的需要[1]。例如，曾与本·拉登共同创建"基地"组织的阿卜杜勒·阿扎姆最早提出了"全球圣战"思想，主张将攻击目标从"近处的敌人"（Near Enemy）转向远处的"异教徒"，倡导组建一个全球同盟来打败"十

---

[1] 李伟：《恐怖主义仍对国家安全构成主要威胁》，《中国党政干部论坛》2003 年第 1 期，42—44 页。

字军和犹太复国主义者"。1997年后，"基地"组织开始将袭击目标转向美国等以打击西方的"异教徒"。奥马尔·巴克里·穆罕默德和阿布·哈姆扎·马斯里等人不仅大肆宣扬"殉道"（Martyrdom）思想，而且通过区分因个人原因而进行的自杀行为和为真主事业而进行的"殉道"行为，打破传统伊斯兰教法中禁止剥夺他人性命的禁忌，以便为滥杀无辜的自杀性袭击行为提供法理依据。同时，他们还选择性地援引《古兰经》中的经文片段来为其恐怖活动寻求合法性。极端分子对于伊斯兰教经典教义的歪曲以及"圣战"思想的意识形态化，对于全球恐怖活动的影响极为深远。简言之，披着宗教外衣的极端思想往往更能蛊惑人心，在信教群体当中更具感召力，也更容易让恐怖组织的暴力行为"合法化"①。

"伊斯兰国"自建立以来，宣称要建立"政教合一"的大"哈里发"国家，以此蛊惑具有相同宗教信仰的支持者。目前，虽然其在叙利亚、伊拉克的势力土崩瓦解，但通过其随后在埃及、阿富汗、巴基斯坦等地的恐怖行径可以发现，"伊斯兰国"仍继续宣扬其所谓的政治目标，并鼓动支持者发动"圣战"。通过高举"圣战"旗帜，"伊斯兰国"驱使追随者形成杀死异教徒、自杀式袭击可以上天堂甚至可以帮助家人上天堂的思维模式，并以此频繁发动恐怖袭击。由此可见，"伊斯兰国"利用宗教信仰来传播极端主义是其核心危害，且受重创的"伊斯兰国"今后仍将继续把宗教外衣作为最主要的掩护形态。因此，国际社会必须将"去极端化"作为反恐合作的重要内容，真正从根本上打击恐怖主义。

（四）教派族群冲突、社会动荡成为恐怖主义加以利用的重要工具

长期以来，教派冲突与社会动荡是恐怖主义滋生的"有利土壤"。

---

① 王震：《"9·11"以来全球反恐困境探析》，《社会科学》2017年第9期，16—28页。

在中东，逊尼派与什叶派矛盾由来已久，尤其在伊拉克和叙利亚，两派冲突始终难以解决。两派的争斗给"伊斯兰国"进退与周旋提供了诸多便利条件。事实上，"伊斯兰国"在伊拉克境内攻城略地，就是从逊尼派聚居地开始的①。与此同时，"伊斯兰国"的兴起与快速扩张，主要是利用了伊拉克和叙利亚的内战冲突等混乱局势。

当前，中东地区纷争、动荡未有平息迹象，反呈愈演愈烈之势。

首先，土耳其对叙利亚库尔德势力进行军事打击使中东局势进一步恶化。土耳其原为美国的盟友，其军事实力居"北约"第二，但美土近年来关系却不断恶化，根本原因是因为库尔德问题。美国苦于在中东找不到代理人，自己也不愿出头，叙利亚自由军靠不住，因而逐渐支持库尔德武装，收复拉卡就是库尔德武装的功劳。当前美国在中东的战略目标已从打击"伊斯兰国"转变为遏制伊朗在叙利亚的扩张，因此，美国与库尔德武装拟在叙利亚建立"边境军"，而这只会让土耳其备感难受。2018 年 1 月 20 日，土耳其出于本国利益的考量，对叙利亚阿扶林开展代号为"橄榄枝"的军事行动，重点打击当地的库尔德武装。

其次，美国和俄罗斯在中东的较量趋于"白热化"。2018 年 2 月初，美军在叙利亚战场的一次空袭疑似造成约 300 名俄罗斯人伤亡，其中至少确定 5 人死亡。这一事件虽然暂未造成美俄的紧张对立，然而双方在中东叙利亚地区长期保持的克制状态被打破。2018 年 2 月 3 日，俄罗斯一架苏 -25 战机遭叙利亚反对派的伏击，飞行员弹射出座舱，但在与恐怖分子的战斗中丧生，据专家称反对派使用的武器系美国制造。此前一段时间，俄罗斯战机频繁在叙利亚伊德利卜省执行空袭任务，以配合叙利亚政府军在当地的收复行动，这次俄战机被击落与战场形势直接相关。

---

① 范娟荣、李伟：《"伊斯兰国"：仍有死灰复燃之势》，参考消息网 2018 年 1 月 2 日，https://baijiahao.baidu.com/s?id=1588452035819363302&wfr=spider&for=pc。

2017 年 12 月 10 日，土耳其伊斯坦布尔，民众游行抗议美国承认耶路撒冷为以色列首都。

2 月 18 日，俄叙联手击落了以色列战机 F-16I，众所周知，以色列背后有美国"撑腰"。4 月 13 日，美国联合英国、法国，未经联合国安理会授权，对叙利亚发动"精准打击"，发射导弹上百枚。4 月 19 日，美国总统特朗普宣称数周前美俄军队在叙利亚发生了"激烈交火"。这主要是因为叙利亚的"伊斯兰国"的"国家"形态被消灭后，美国与俄罗斯已失去了共同的敌人，开始进入一方以美国及其扶持的库尔德武装为主，另一方以俄罗斯、伊朗为主的双方及其代理人激烈博弈的状态。

最后，特朗普宣布耶路撒冷为以色列首都引起轩然大波，巴以局势急转直下，加沙地带暴力事件明显升级。美国政府这一举措势必使原就被恐怖主义所利用的宗教矛盾更加激化，并产生长期负面影响。同时，也门胡塞武装与沙特支持的哈迪政权之间的战争持续不断，成为中东地区矛盾的另一个爆发点。

（五）大国干涉是导致国际恐怖主义肆虐的重要因素

"9·11"后，美国及其西方盟友以"反恐战争"名义推行的单边主义民主化改造战略，使得部分中东阿拉伯国家内部政治平衡和外部地缘政治均衡同时被打破。一方面，那些曾经积极开展反恐斗争的威权主义政权（如利比亚、埃及、也门、突尼斯、叙利亚等）濒于瓦解或不复存在，从而使以往对于恐怖势力的强大压制力量迅速消失，为一些国际恐怖势力苟延残喘和东山再起创造了机会；另一方面，地区政治秩序崩解后又在当地形成了巨大的地缘政治真空，促使区域内各种政治力量竞相粉墨登场，通过支持各自的代理人明争暗斗，一些极端暴力组织也因此而成为某些国家或政治力量所借助的工具。姑且不论美国在中东政治民主化进程中扮演了何种角色，中东政治发展进程本身已然超出了美国决策层的预料，至少并未带来西方所期待的民主、秩序和繁荣。因此，近年来中东地区的社会剧变不仅未能消除造成国际恐怖主义的种种根源，反而为新一轮国际恐怖活动回潮提供了契机[①]。

可以说，美国在 2003 年发动伊拉克战争，使"基地"组织在伊拉克有了可乘之机；叙利亚内战又使"伊斯兰国"迅速崛起。在军事打击"伊斯兰国"问题上，美国和俄罗斯各自建立"反恐阵营"，寻找代理人。在打击"伊斯兰国"之外，代理人之间的相互厮杀不断，新的矛盾冲突再起。这种将反恐作为"工具"而不是"目的"的做法，很难真正遏制恐怖主义发展蔓延的势头。

---

① 王震：《"9·11"以来全球反恐困境探析》，《社会科学》2017 年第 9 期，16—28 页。

第二章
国际反恐合作现状

　　国际反恐合作主要体现在三个层面上：一是联合国层面的全球性反恐合作，由于恐怖主义的全球化趋势不断蔓延，反恐不再是一个国家的斗争，因此这是最为重要的国际反恐合作；二是地区层面的多边反恐合作，主要以一些国际组织将反恐纳入地区合作日程为代表；三是双边层面的反恐合作，主要是两个国家根据反恐斗争需要进行的务实合作。

第一节

联合国及其附属机构领导的国际反恐合作

联合国成立以来，秉承维护国际和平与安全的宗旨，始终站在国际反恐合作的前沿。联合国大会也成为处理国际恐怖主义问题的主管机构。凭借在制定规范和召集权方面的比较优势，联合国及其附属机构在国际反恐合作的法律体系建设、机构建设和监督执行中发挥着重要作用。自1946年成立至今，联合国通过不断摸索总结，已经形成一套国际反恐的体系和机制，并为全球反恐合作作出巨大贡献。

一、法律机制基础

国际反恐合作立法具有悠久的历史。早在国际联盟时期，国际联盟理事会就任命反恐怖主义委员会负责起草反对恐怖主义的国际公约草案，经三次修改后形成《防止和惩治恐怖主义公约》（以下简称《公约》）和《建立国际刑事法院公约》，并于1937年11月16日通过。虽然《公约》因未能获得多数签字国批准而没有生效，但《公约》首次对恐怖主义的概念进行了界定，提出了各成员国对恐怖行为"或起诉或引渡"的原则，以及限制武器流通、加强情报共享与合作等对当今依旧具有参考价值的措施。《公约》的签订开创了国际社会打击和遏止恐怖犯罪的先河，具有里程碑式意义[1]。

如今，联合国已形成的反恐法律框架包括关于恐怖主义和人权的相关国际公约和议定书、《联合国全球反恐战略》以及联合国大会和安理会的相关决议，为国际反恐合作提供了法律基础和政治基础。

（一）国际公约和议定书

目前，经联合国平台签订的有关国际恐怖主义问题各个方面的国际条约共 15 个，包括 2 个补充议定书（表 2-1）。

表 2-1 现行联合国反恐相关公约及议定书

序号	通过时间	条约名称	生效时间	缔约国
1	1963.9.14	《关于在航空器内的犯罪和某些其他行为的公约》	1969.12.4	186
2	1970.12.16	《关于制止非法劫持航空器的公约》	1971.10.14	185
3	1971.9.23	《关于制止危害民用航空安全的非法行为的公约》	1973.1.26	188
4	1973.12.14	《关于防止和惩处侵害应受国际保护人员包括外交代表的罪行的公约》	1977.2.20	171
5	1979.12.17	《反对劫持人质国际公约》	1983.6.3	166
6	1980.3.3	《关于核材料的实物保护公约》	1987.2.8	155

---

[1] 闵剑：《评＜防止和惩治恐怖主义公约＞》，《江苏警官学院学报》2005 年第 6 期，130—133 页。

（续表）

7	1988.2.24	补充《关于制止危害民用航空安全的非法行为的公约》的《禁止在国际民用航空机场进行非法暴力行为的议定书》	1989.8.6	175
8	1988.3.10	《禁止危害航海安全的非法行为的公约》	1992.3.1	73
9	1988.3.10	《禁止危害大陆架固定平台安全的非法行为议定书》	1992.3.1	66
10	1991.3.1	《关于在可塑炸药中添加识别剂以便侦测的公约》	1998.6.21	155
11	1997.12.15	《制止恐怖主义爆炸的国际公约》	2001.5.23	170
12	1999.12.9	《制止向恐怖主义提供资助的国际公约》	2002.4.10	188
13	2005.4.13	《制止核恐怖主义行为国际公约》	2007.7.7	113
14	2010.9.10	《制止非法劫持航空器公约》的补充议定书	尚未生效	
15	2014.4.4	关于修订《关于在航空器内的犯罪和犯有某些其他行为的公约》的议定书		

注：本表参照 1994 年联合国大会《消除国际恐怖主义措施宣言》绘制

（二）联合国大会决议和宣言

联合国大会自成立以来，长期关注国际恐怖主义问题，并试图采取多种举措消灭恐怖主义行为。自 1972 年 12 月大会第一份关于恐怖主义的决议"防止危害或杀害无辜生命或损害基本自由的国际恐怖主义的措施和对由于困苦、挫折、怨愤和失望，以至有人不惜牺牲生命、包括自己的生命在内，以求实现彻底改革的恐怖主义和暴力行为的根本原因的研究"发布以来，大会共发布超过 107 份与恐怖主义相关的决议和宣言，从研究恐怖主义产生的根源，到制定消灭国际恐怖主义的举措，从第一个特设委员会起步，到如今伞状机构的联合运作，联合国大会在国际反恐合作的道路上不断取得进展。

1. 联合国大会决议

根据对联合国大会官方公布决议的不完全统计，自1972年12月第27届会议起至今，联合国大会共发布与恐怖主义相关的决议107份。联大反恐决议主要由常规机制性决议和专门性决议组成。其中，专门性决议主要针对国际恐怖主义最新进展而提出，包括2016年"防止暴力极端主义行动计划"、2017年"应对简易爆炸装置构成的威胁""针对宗教场所的恐怖主义行为对和平文化的影响"等。常规机制性决议是指连续开展多年、已形成固定审查制度的决议，主要包括以下几种。

（1）"防止危害或杀害无辜生命或损害基本自由的国际恐怖主义的措施和对由于困苦、挫折、怨愤和失望，以至有人不惜牺牲生命、包括自己的生命在内，以求实现彻底改革的恐怖主义和暴力行为的根本原因的研究"系列决议。该系列决议共6份，核心成果为国际恐怖主义特设委员会在各代表团激烈争辩后达成的造成国际恐怖主义的根本原因报告[①]，并在联大层面认定"殖民主义、种族主义以及涉及大规模公然侵犯人权和基本自由以及涉及外国统治和占领的局势"为其主要原因，从而承认出于该原因的民族解放运动斗争的合法性。在打击恐怖主义的实际举措方面，仍以呼吁成员国加入现有国际反恐怖主义公约、履行国际法规定的义务为主。

（2）"消除国际恐怖主义措施"系列决议。自1991年第46届会议起至今，联合国大会持续发布"消除国际恐怖主义措施"决议共计25份，

---

① 联合国文件：A/34/37。

2015年12月17日，联合国安理会举行主题为"打击资助恐怖主义"的会议，一致通过决议，决定采取相关措施，切断极端组织"伊斯兰国"资金来源。

并且该主题在 1994 年《消灭国际恐怖主义措施宣言》和 1996 年的补充宣言中再次深化。这一系列决议侧重于如何制止恐怖主义的方法和途径，从可操作性入手，切实加强国际反恐合作。此后形成每年一次的审查机制，一直延续至今。决议明确恐怖行为的最新手段，敦促各国加入相关公约和议定书，指导联合国系统反恐工作，明确联合国秘书长、联大反恐机构、区域组织和各国政府在消除国际恐怖主义中的义务，推动反恐措施落实。

（3）恐怖主义与人权相关决议。自 1993 年第 48 届会议起，联合国根据恐怖主义产生的原因研究成果，将"人权与恐怖主义"列入常规审核项目，每 2—3 年审核一次，频繁时每年审核一次，意在明确恐怖主义与人权的关系，关注由人权问题引发的恐怖行为的解决措施。迄今为止，已经发布"人权和恐怖主义""在打击恐怖主义的同时保护人权和基本自由""恐怖主义对享有人权的影响"等决议 20 余份。

（4）恐怖主义与核、生、化或放射性武器相关决议。1995 年东京地铁发生恐怖分子使用沙林毒气袭击事件，造成 13 人死亡、5510 人受伤。此次攻击使国际社会进一步关注恐怖分子可能利用大规模毁灭性武器，如核武器、生物武器或化学武器发动袭击的可能性。为了防止恐怖主义向更加危险和极端的方向发展，2002 年起，联合国大会将"防止恐怖分子获取大规模毁灭性武器的措施"决议列入每年审查项目，如今共发布 16 份；2005 年起将"防止恐怖分子获取放射源"决议列入审查项目，每 2—3 年审查一次，如今共发布 6 份。

（5）"联合国全球反恐战略"决议。2006 年起，联合国大会通过了《联合国全球反恐战略》，每两年审查一次实施情况，如今共发布 7 份。该战略通过四大支柱构建全面的国际反恐策略，强化成员国对于反恐四大支柱的执行能力，调整联合国系统反恐职能，成立反恐执行工作队、反恐怖主义中心和反恐怖主义办公室等系列机构，提高协调能力。

2. 宣言

联合国大会具有里程碑意义的宣言主要是 1994 年《消灭国际恐怖主义措施宣言》和 1996 年《补充 1994 年＜消灭国际恐怖主义措施宣言＞的宣言》。宣言发布于联合国成立 50 周年前后，表明了联合国对反恐工作的重视。联合国反恐宣言表明了消灭恐怖主义的决心，强调国际合作对于打击恐怖主义的重要性，并在国家、地区、国际组织级别指明达成路径。1996 年的补充宣言中，针对当时以炸弹、炸药或其他燃烧或致命装置进行的恐怖主义袭击日益蔓延的势态，决定成立特设委员会，拟定制止恐怖主义爆炸事件的国际公约，随后拟定制止核恐怖主义行为的国际公约，补充法律架构。自此，"消除国际恐怖主义的措施"项目列入大会年度审查议程。

3.《联合国全球反恐战略》

2006 年，联合国成立 60 周年之际，通过多年对国际反恐工作的研究和探索，时任联合国秘书长提出《团结起来消灭恐怖主义：关于制定全球反恐战略的建议》报告，并得到大会通过。《联合国全球反恐战略》是当前联合国反恐最全面、最权威的文件，旨在促进在国家、区域和国际各级采取全面、协调一致的反恐对策，具有重大意义。《联合国全球反恐战略》不仅再次宣示了国际社会消灭恐怖主义的决心，明确了商定关于国际恐怖主义的全面公约的重要性，同时制定了国际反恐的四大支柱，构建了国际反恐体系。

（三）安理会决议和机制

联合国安理会对国际恐怖主义问题的决议产生较联合国大会稍晚，但因其享有《联合国宪章》第七章规定"安理会得决定所应采武力以外之办法，以实施其决议，并得促请联合国会员国执行此项办法。包括经济关系、铁路、海运、航空、邮、电、无线电及其他交通工具之局部或全部停止，以及外交关系之断绝"的制裁权，所以安理会根据《联合国宪章》第七章形成的决议相比联合国大会决议更具有强制性。据不完全统计，安理会自成立以来与恐怖主义相关的决议共 69 份，其中最为重要的是第 1373（2001）号决议和第 1540（2004）号决议，以及对塔利班、"基地"组织和"伊斯兰国"的系列制裁决议。

1. 第 1373（2001）号决议

2001 年震惊世界的"9·11"事件发生后，以维持和恢复国际和平及安全为己任的联合国安理会迅速出台了第 1373 号决议，多措并举，强制各国采取行动。该决议一是要求各国防止和制止资助恐怖主义行为，冻结涉恐实体的资金来源,管控本国公民;二是要求各国不支持或庇护恐怖主义团体,包括招募成员、供应武器、提供安全庇护,并加强国内法惩戒和边界控制;三是要求各国扩大国际反恐合作,履行反恐怖主义公约和议定书,加强情报交流;四是关注恐怖主义与跨国有组织犯罪,包括非法药物,洗钱,非法贩运军火,非法运送核、化学、生物和其他潜在致命材料之间的密切联系;五是成立反恐怖主义委员会,作为安理会反恐的核心机构。随后,根据振兴反恐怖主义委员会的报告,又进一步成立反恐执行局,监督各国对该决议的执行情况。

2. 第 1540(2004)号决议

该决议旨在消除或防止核生化武器被恐怖主义所利用,防止非国家行为体获取、开发、贩运或使用核生化武器及其运载工具的威胁,关注非法贩运核生化武器及其运载工具和相关材料所造成的威胁。要求各成员国不向非国家行为体提供任何形式的支持,禁止国内以恐怖主义为目的而制造、获取、拥有、开发、运输、转移或使用核生化武器及其运载工具的行为和图谋,管制国内以防止核生化武器及其运载工具的扩散。安理会根据该决议成立 1540 委员会,监督各成员国对决议执行情况。

3. 第 1267(1999)号系列决议

第 1267 号决议是安理会关于恐怖主义的最早的一份决议,也是首次在国际反恐领域行使《联合国宪章》第七章规定的制裁权。在该决议中,安理会要求各国将本·拉登设法移送起诉国,禁止塔利班航班在本土停留,冻结塔利班的资金和财政来源。为了落实此项决议,安理会成立 1267 委员会,审议成员国行为,定期向安理会报告,提出意见建议。随着国际反恐形势的变化,塔利班、"基地"组织和极端组织"伊斯兰国"均被纳入制裁范围,安理会成立分析支助和制裁监测组,用以辅助 1267 委员会的工作,一直持续至今。

二、组织机构概况

联合国统筹国际反恐合作的机构主要分为联合国大会和安理会两大部分，原则上联合国大会反恐机构主要负责国际反恐合作的能力建设和协调工作，安理会下设机构主要负责对国际恐怖主义和反恐行为的分析与评估工作（图2-1）。双方在职责上各有分工，为国际反恐提供理论支撑和实践指导，并通过监督机制督促国际反恐工作有力推进。总体来说，联合国反恐机构主要职能与分工如下：一是提供反恐需求评估和差距分析，主要由安理会授权机构支持；二是提供反恐能力建设和技术援助，由联合国大会授权机构开展，主要包括联合国反恐怖主义中心、毒品和犯罪问题办公室、区域间犯罪和司法研究所、联合国开发计划署（开发署）、联合国人权事务高级专员办事处（人权高专办）和联合国促进

图 2–1 改革前联合国反恐机构图

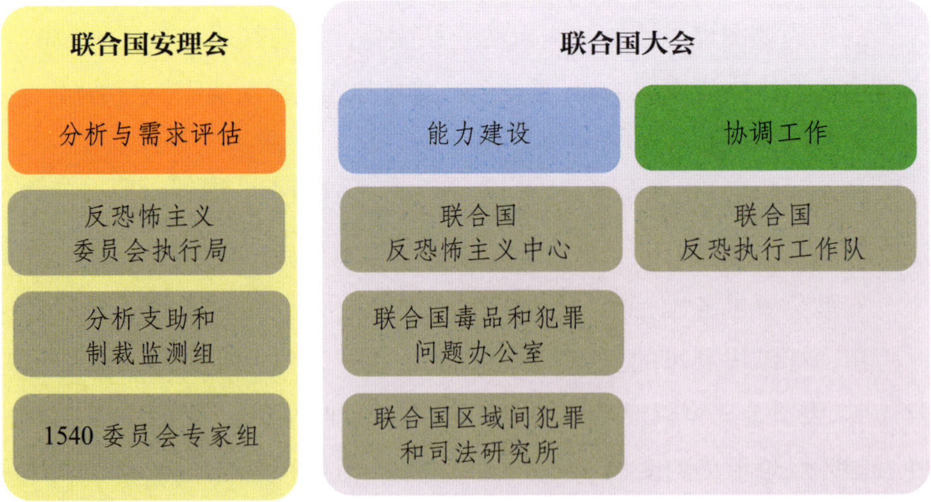

联合国安理会	联合国大会	
分析与需求评估	能力建设	协调工作
反恐怖主义委员会执行局	联合国反恐怖主义中心	联合国反恐执行工作队
分析支助和制裁监测组	联合国毒品和犯罪问题办公室	
1540委员会专家组	联合国区域间犯罪和司法研究所	

资料来源："关于联合国系统协助会员国实施《联合国全球反恐战略》的能力"的秘书长报告

性别平等和增强妇女权能署（妇女署）；三是确保协调一致地开展反恐努力，由政治事务部下反恐执行工作队办公室负责，此项职能随后由新成立的反恐怖主义办公室负责[1]。

（一）联合国大会反恐机构及职能

1. 联合国反恐怖主义办公室

2017 年 6 月 15 日，第 71 届联合国大会第 87 次全体会议通过第 71/291 号决议《加强联合国系统协助会员国实施 <联合国全球反恐战略> 的能力》，决定重组联合国反恐机构，成立反恐怖主义办公室，协调联合国系统有关反恐方面的努力。设立反恐怖主义办公室是联合国新任秘书长上任后推行的第一项主要的联合国机构改革，这既是对国际和平与安全面临的现实威胁的响应，也是加强实施《联合国全球反恐战略》的协调一致性的重要内容。

联合国反恐怖主义办公室主要承担五项职能：（1）在整个联合国系统领导大会交付给秘书长的反恐怖主义任务；（2）加强 38 个反恐怖主义执行工作队实体的协调一致性，以确保平衡实施《联合国全球反恐战略》的四大支柱；（3）加强联合国向会员国交付反恐怖主义能力建设援助；（4）提高联合国反恐怖主义努力的能见度，加强宣传，推动资源调动；（5）确保给予整个联合国系统打击恐怖主义的工作应有的重视，确保防止暴力极端主义这项重要的工作牢牢植根于《联合国全球反恐战略》[2]。该机构对安理会附属机构没有监督权，也没有权限监测、监督或干涉会员国实施《联合国全球反恐战略》和其他打击恐怖主义国

---

[1] 联合国文件：A/71/858，3 页。

[2] 联合国文件：A/71/858。

际法律框架的努力。其活动主要应会员国请求展开，主要为了加强与安理会各机构和会员国在打击跨国恐怖主义威胁方面的合作伙伴关系。

2. 联合国反恐怖主义中心（UNCCT）

2011 年 11 月 18 日，根据联合国大会第 66/10 号决议，设立联合国反恐怖主义中心，2012 年 4 月开始运行，隶属于反恐执行工作队办公室，主要职能是支持《联合国全球反恐战略》实施。联合国反恐怖主义中心的主要目标包括：（1）支持《联合国全球反恐战略》四大支柱的实施；（2）促进国际反恐合作，推动各国、区域和国际反恐怖中心各组织之间的协作；（3）协助会员国开展反恐能力建设；（4）提高对《联合国全球反恐战略》的认识，根据实践制作反恐数据库；（5）组织国际、区域和国家研讨会，增强全球反恐认知和能力建设，以及增强对联合国反恐领域的政治支持。

3. 联合国反恐执行工作队

反恐执行工作队成立于 2005 年，2006 年根据《联合国全球反恐战略》的第 60/288 号决议纳入秘书长办公厅。2009 年根据第 64/235 号决议，反恐执行工作队进一步体制化，以反恐执行工作队办公室的形式纳入政治事务部。反恐执行工作队协调 36 个联合国实体（包括由大会和安理会授权的组织、部门、办事处、单位、机构、基金和方案）和 2 个非联合国实体（国际刑警组织和世界海关组织），如图 2-2 所示。反恐执行工作队办公室的核心职能包括：确保联合国系统整体反恐努力的协调一致；领导联合国全系统的集体举措，以支持《联合国全球反恐战略》的实施；促进和支持联合国系统各实体在各自任务规定和专业领域内的措施和活动，以协助落实《联合国全球反恐战略》的全部内容；为反恐执行工作队开展实质性、外联、组织和行政工作履行核心的秘书处职能；为推进《联合国全球反恐战略》的实施，与会员国、国际和区域组织、

图 2-2 联合国反恐执行工作队协调机构图

联合国反恐执行工作队（包括 38 个联合国和非联合国实体）

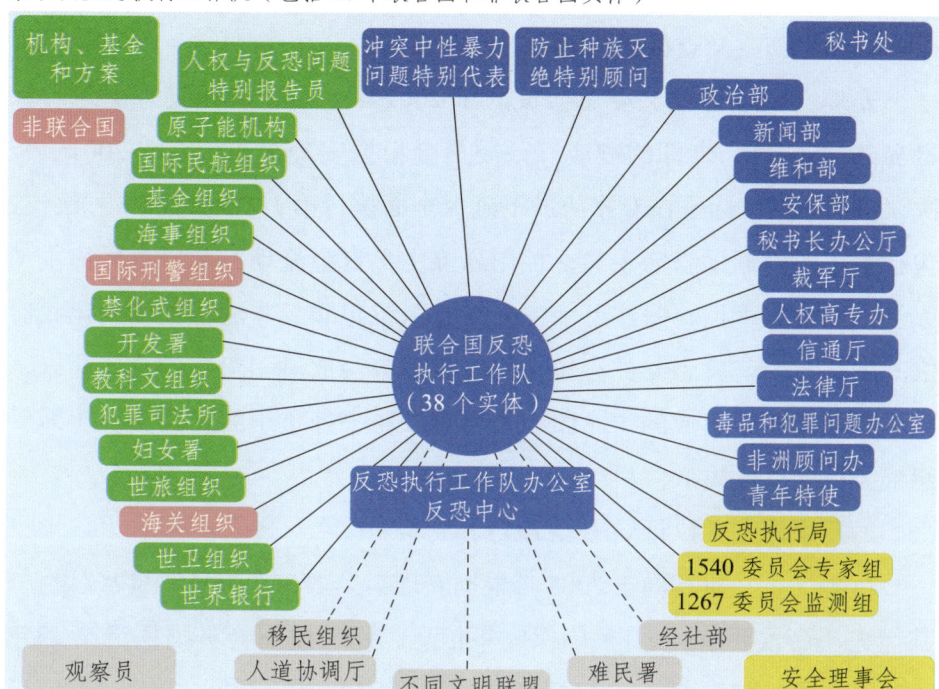

资料来源："关于联合国系统协助会员国实施《联合国全球反恐战略》的能力"的秘书长报告

学术界和民间社会组织互动协作①。

（二）联合国安理会反恐机构及职能

安理会反恐机构主要职能是提供反恐需求评估和差距分析。针对国际恐怖主义问题，安理会专门设有反恐怖主义委员会，下设反恐怖主义

---

① 联合国文件：A/71/858，5 页。

执行局、分析支助和制裁监测组和 1540 委员会专家组，用以统筹安理会对国际恐怖主义行为的评估和制裁。

1. 反恐怖主义委员会（CTC）

安理会反恐怖主义委员会成立于 2001 年，是联合国安理会对震惊世界的 "9·11" 事件的响应。该委员会根据安理会第 1373（2001）号决议设立，总目标是在专家协助下确保全面执行第 1373（2001）号决议，包括禁止各国资助恐怖主义，控制恐怖主义资金流动；加强对恐怖主义人员、资金的管控；关注恐怖主义与有组织犯罪、非法转移核生化武器之间的联系等。反恐委员会包括由安全理事会成员国组成的全体会议、由主席和副主席组成的主席团、由专家和秘书处重组的支助人员（即反恐怖委员会执行局）。

2. 反恐怖主义执行局（CTED）

反恐怖主义执行局于 2004 年根据安理会第 1535（2004）号决议设立。其优先使命主要有：（1）确保收集信息，用于监测会员国执行第 1373（2001）号决议的努力，包括经有关国家同意进行访问；（2）进一步推动技术援助，以加强会员国打击恐怖主义的能力并确保提供的技术援助适合各国的需要；（3）在打击恐怖主义方面加强国际、区域和次区域各组织之间以及联合国其他机构之间的合作与协调；（4）确保反恐怖主义委员会的所有活动连贯一致，同时坚持对联合国每一个会员国和第 1373（2001）号决议规定的每一个题目都采取适合需要的方法；（5）对反恐怖主义委员会的每一项决定都采取适当和全面的后续行动；（6）确保在评估和技术援助办公室与信息和行政办公室、反恐怖主义委员会执行局与联合国其他相关机构之间的适当级别正确交流信息[①]；（7）继

---

① 联合国文件：S/2004/642，4—5 页。

2015年9月29日，联合国举行"打击暴力极端主义领导人峰会"。联合国秘书长潘基文在峰会上说，联合国的全球反恐战略提供了打击暴力极端主义的工具，各会员国需团结起来，共同应对挑战。

续向反恐怖委员会协助会员国执行安理会第1624（2005）号决议的工作提供必要支助；（8）积极参加为协助会员国执行全球战略设立的反恐执行工作队[①]。

3.分析支助和制裁监测组

分析支助和制裁监测组于2004年1月30日根据安理会第1526（2004）号决议成立，随后根据形势发展需要多次延长任期。监测组在第1267（1999）号决议所设委员会的指示下运作，职责包括：（1）核对、评估、监测及报告开列的有关防止"基地"组织、本·拉登和其他与之有关联的个人、集团、企业和实体利用因特网犯罪的各项措施的执行情况，并就此提出建议，酌情进行个案研究，以及按照委员会的指示深入探讨

---

① 联合国文件：S/2008/80，3页。

任何其他有关问题；（2）向委员会提交一份全面的工作方案，供委员会按需要核准和审查，其中监测小组应详细说明为履行其职责所设想的活动，包括拟议的履行；（3）分析各国根据第 1455（2003）号等决议提交的制裁塔利班和"基地"组织报告和任何书面答复；（4）同反恐委员会的反恐怖主义执行局和 1540 委员会专家组密切合作及交流信息，以确定共同的工作领域，协助三个委员会进行具体协调；（5）根据其经委员会核准的工作方案，在前往选定的国家之前事先同各国协商，包括在纽约及各国首都同各国代表经常对话，同时考虑各国的意见，尤其是关于监测小组拟提交的关于各国执行制裁措施和改进措施，以及可能的新措施建议的综合报告可能提及的任何问题的意见；（6）向委员会提出可供会员国采用的建议，以便帮助会员国执行安理会决议；（7）

2017 年，第 72 届联合国大会通过决议，将每年的 8 月 21 日设为"纪念和悼念恐怖主义受害者国际日"。图为 2018 年 8 月 17 日，纽约联合国总部举行"在恐怖主义中幸存：受害者的声音"多媒体展览，联合国秘书长古特雷斯在现场发言。

研究"基地"组织和塔利班不断变化的性质和最佳对策，并就此向委员会提出报告，具体做法包括在同委员会协商后，同相关学者和学术机构开展对话；（8）以口头和／或书面简报的形式，定期或在接获委员会要求时，向委员会通报监测组的工作，包括对各国进行的访问及其活动；（9）积极参加并支持根据《联合国全球反恐战略》开展的所有相关活动，包括为确保全面协调和统一联合国系统反恐工作而设立的反恐执行工作队的活动；（10）研究"基地"组织和塔利班所构成威胁的不断变化性质以及最佳对策，并就此向委员会提出报告；（11）与会员国情报和安全机构协商，包括通过区域论坛进行协商，以便促进交流信息，加强各项措施的执行力度；（12）与包括金融机构在内的私营部门相关代表协商，了解资产冻结措施的实际执行情况，提出加强这一措施的建议；（13）与相关国际和区域组织合作，以提高对各项措施的认识，推动遵守这些措施；（14）委员会拟定的其他任务。

4. 1540 委员会专家组

1540 委员会专家组于 2004 年 4 月 28 日根据安理会第 1540（2004）号决议设立，由安理会全体成员组成，职责是借助其他专门知识，向安理会报告第 1540（2004）号决议——防止核、生、化武器扩散决议的执行情况以供审查。同时，该委员会负有推动所有国家全面执行第 1540（2004）号决议并为此制订工作方案、就会员国为此须采取的进一步行动以及所需要和所愿意提供的技术援助进行对话的责任。2006 年，1540 委员会专家组再次延长任期。

三、发展现状与成果

联合国自 1972 年起关注国际恐怖主义的起源，因应对国际恐怖主义的不断演变，有针对性地提出消除国际恐怖主义的举措，制定《联合国全球反恐战略》，在反恐和预防暴力极端主义方面发挥着核心功能。

（一）消除有利于恐怖主义蔓延的条件

消除有利于恐怖主义蔓延的条件意在消除恐怖主义产生的根源和土壤。联合国动员多个国际组织协作，注重从以下四个方面入手。

1. 促进宽容，尊重宗教和文化多样性

恐怖主义的极端意识形态煽动、推崇暴力和不容忍的文化，使恐怖主义团体从其基本群众中得到更多的支持。意识到文明和宗教的冲突已经成为恐怖主义发生的原因之一，联合国主持安排各种方案，促进不同文明、文化、民族和宗教之间的对话、容忍和理解，促进各种宗教、宗教价值观念、信仰和文化相互尊重，戳穿恐怖主义团体关于全球正处于

2011 年 9 月 22 日，美国和土耳其作为共同主席共同发起全球反恐论坛，包括中国在内的 29 个国家以及联合国、欧盟的代表出席了当日在纽约举行的论坛。

一场善与恶的大战的宣传。2015 年，联合国大会通过决议 70/109 "构建一个反对暴力和暴力极端主义的世界"，举办以"促进宽容与和解：促进和平、包容各方的社会和打击暴力极端主义"为主题的大会高级别专题辩论。2016 年，开始执行秘书长《防止暴力极端主义行动计划》，举行关于宗教促进和平的高级别对话。2005 年联合国秘书长发起"不同文明联盟"倡议，组建"不同文明联盟"机构，连续十年开展文化间和宗教间对话活动，以防止暴力极端主义与包容和解为主题共举办 7 次全球论坛。从宗教领袖间对话发声、不同国家良好做法分享，到针对青年和教育、种族主义和仇外心理、移民等细节问题的解决方法研讨，"不同文明联盟"发挥了重要作用。同时，联合国教科文组织也是促进文明交流的重要成员，制订并落实多项促进宗教对话的和平文化方案，如 2016 年 10 月 30 日和 11 月 1 日在加拿大魁北克市举行的主题为"互联网与青年激进化：共同预防、行动和生活"的对话会，为促进宽容和防止激进化作出了重要贡献。

2. 缓和冲突，缔造地区和平环境

长期以来，民族矛盾、种族冲突、宗教冲突带来的地区矛盾持续成为全球安全形势动荡的根源，如中东地区的阿以冲突、北非萨赫勒地带的部族之争等。地区冲突长期得不到解决，冲突双方的极端分子逐渐倾向于采取恐怖手段以达成目的。同时，受过战争因素影响的国家和地区也饱受余毒侵害，阿富汗、伊拉克、叙利亚旧疾未解，又添新怨。外国占领和大国干预激发当地民族主义情绪，甚至导致极端分子诉诸暴力恐怖手段以实现政治诉求，使这些地区暴恐事件持续激增。联合国在最初对恐怖主义根源的探究中，就认识到外国占领、殖民统治、种族主义带来的地区动荡是促使恐怖主义和暴力手段发生的政治性原因，认识到成功解决冲突并重视在外国占领或被视为外国占领的环境中所出现的问题有助于遏止恐怖主义的蔓延。为此，联合国一直致力于预防和解决武装冲突。一是增加维持和平、建设和平的活动，如联合国政治事务部和开发计划署开展的"建设预防冲突的国家能力"的联合方案，协助成员国针对可能爆发的区域暴力冲突建立预警系统。安理会长期关注动荡地区的局势，采取预防外交的方式，及时介入协调地区矛盾，甚至动用《联合国宪章》第七章赋予的权力维持地区和平，包括向巴以地区派出观察员部队，向阿富汗、马里、索马里等多国派出特派团，及时汇报地区安全动态，提高当地军队抵御暴力恐怖主义的能力；二是成立建设和平委员会，确保停止冲突的社会得到持久和平；三是由秘书长斡旋，调节某些国家的国内冲突。联合国威胁、挑战和改革问题高级别小组在报告中指出，20世纪初通过协商解决的内战比过去200年解决的还要多。联合国在维护世界和平、缓和国际紧张局势、解决地区冲突方面发挥了积极作用。

3. 加强宣传，传播"恐怖主义无理"理念

长期以来，联合国对恐怖主义的认识不断深入，态度日益坚定，从最初强调"争取民族自决和独立、解放运动斗争的合法性"，到后来坚称"任何事业无论多么正义都不能作为恐怖主义的借口"，"强烈谴责所有形式和表现的恐怖主义，无论由何人所为、在何地发生、其目的为何"。联合国态度的这一转变，降低了恐怖主义策略的道义高度，制止了恐怖主义占领道德制高点。同时，联合国反恐执行工作队建立支持恐怖主义受害者门户网站，给予受害者正义、尊严和同情，从而削弱了恐怖主义的迷惑性。

（二）防范和打击恐怖主义

消除有利于恐怖主义蔓延的条件需要解决诸多历史和现实的矛盾冲

突，是一个长期的过程。面对日益严重的恐怖主义发展态势，在着手解决根源问题的同时积极采取防范和打击恐怖主义的举措，是解决当前恐怖主义带来的危机的有效方法。

1. 阻止涉恐资金

联合国通过《制止向恐怖主义提供资助的国际公约》和安理会第1373（2001）号决议，对各会员国予以强制约束。同时，安理会针对塔利班、"基地"组织和"伊斯兰国"下达的制裁决议一直得到各委员会监督执行，这种金融制裁系统也成为确保采取有效行动打击资助恐怖主义行为的重要工具。

2. 打击武器走私

联合国大会通过《核材料实物保护公约》《制止恐怖主义爆炸的国际公约》《制止核恐怖主义行为国际公约》，极大地限制了恐怖分子获取大规模毁灭性武器的可能性。安理会第1540（2004）号决议也要求会员国采取管控措施，防止非国家行为者获取大规模毁灭性武器。安理会禁止向"基地"组织、塔利班及其成员提供武器的决议，不仅对大规模毁灭性武器有所限制，也对常规武器有所规定。

3. 防止恐怖主义利用网络空间

针对"暴恐势力利用互联网和社交媒体招募人员、传播思想、筹集资金、策划活动"，联合国大会于2014年6月13日通过第68/276号决议，要求国际社会对"网络恐怖主义所可能或正在构成的巨大威胁"予以高度关注，同时指示反恐工作队认真分析各国不同程度涉恐情况，积极履行职责义务、加强合作，拟订消除该类问题的措施办法。

4. 阻止恐怖分子流动

联合国大会注意到恐怖分子流动给国际社会带来的巨大威胁，一方面在安理会第1373（2001）号决议中对会员国提出边界管制的要求；另一方面在反恐执行工作队设置外国恐怖主义战斗人员工作组和反恐边境管理与执法工作组，协助会员国加强边境管理和控制。全球反恐论坛在2016年通过的《更有效应对外国恐怖主义作战人员现象特别是回返的外国恐怖主义作战人员的良好做法：海牙—马拉喀什备忘录增编》中也指出，外国恐怖主义作战人员常经第三国实现人员转移，呼吁各国执法部门通过加强双边和多边合作阻止其流动[①]。

（三）确保尊重所有人的人权和实行法治作为反恐斗争根基

联合国自1993年首次发布人权和恐怖主义决议起，长期关注恐怖主义和国际反恐行动中的人权问题，成立支持和关注恐怖主义受害者工作组、反恐时保护人权问题工作组，并定期发布"在反恐时保护人权和基本自由"的决议，秉承"尊重所有人的权利"的原则和标准，对恐怖主义侵犯人权的现象和反恐行动中侵犯人权的问题予以调查。

---

① The Hague – Marrakech Memorandum on Good Practices for a More Effective Response to the FTF Phenomenon, https://www.thegctf.org/Portals/1/Documents/Framework%20Documents/A/GCTF-The-Hague-Marrakech-Memorandum-ENG.pdf?ver=2016-09-01-150615-977.

第二节
区域及多边反恐合作

受政治、经济环境影响，联合国难以在所有成员国之中达成对恐怖主义和反恐行动的共识，尤其在建立普遍性反恐公约上，成员国之间很难达成一致。为消除恐怖主义给国际社会带来的日益严峻的威胁，各国开始更多地考虑区域和多边反恐合作的可能性。特定区域国家由于具有相近的发展历史、文化传统和政治理念，且地域相邻使其受恐怖主义威胁的情况更为相似，因此更容易达成反恐合作的共识，在采取反恐合作行动上也更容易协同作战。

一、欧洲地区的多边反恐合作

1977年，欧洲委员会通过了欧洲的第一个反恐公约《欧洲制止恐怖主义公约》，自此开启了欧洲国家合作反恐的历程。2001年"9·11"事件和2004年马德里爆炸案，更加坚定了欧洲各国反恐的信念，加速了反恐合作的进程。

（一）法律机制基础

在打击恐怖主义和防止暴力极端主义时，欧洲坚持以刑事司法为基础，在两个层级展开合作：一是内政部长级别的警方和情报部门合作，二是欧洲理事会级别的政治合作。目前，欧洲委员会制定的欧洲反恐合作公约和议定书共有 6 项，欧盟制定的公约 1 项。欧洲委员会和欧盟框架下的多边反恐合作历史悠久，虽然形成的公约不多，但已经形成全方位大反恐的基本格局，在实践中成效显著，是国际反恐合作的典范之一。

1. 欧洲委员会反恐合作

欧洲委员会最主要的反恐法律基础是 2005 年制定的《欧洲委员会防止恐怖主义公约》。该公约旨在支持和加强打击恐怖主义的斗争，并且强调在制止恐怖主义犯罪过程中必须遵守法治、民主、人权和自由的价值观。公约致力于改善国家一级的反恐政策和战略，促进针对犯罪的有效国际合作和刑事司法协助。公约呼吁成员国制定国内反恐政策，采取有效措施阻止公开宣称要实施恐怖主义犯罪、为恐怖主义招募人员和提供培训的行为。公约还要求各缔约方通过适当的国家计划，保护和支持恐怖主义受害者。在国际合作层面，该公约旨在加强刑事司法协助和合作的现有原则，例如确保恐怖主义行为人被"引渡或起诉"①。目前，该公约得到 39 个成员国的批准，其余 8 个成员国和欧盟也已经签署了该公约。2015 年制定的该公约附加议定书，重点强调外国恐怖主义战斗人员回流问题，要求成员国将参与或协助以恐怖主义为目的群组、接受恐怖主义培训、以恐怖主义为目的出境以及资助和组织这种活动的行为都定义为恐怖主义犯罪。目前，附加议定书得到 12 个成员国批准，28 个成员国和欧盟已经签署。

---

① Council of Europe Convention on the Prevention of Terrorism, https://rm.coe.int/168008371c.

2. 欧盟反恐合作

欧盟的反恐政策在 2001 年的 "9·11" 事件前后有明显的分界, 各国一改各自为政的状态走向反恐合作。多年来, 欧盟通过了多项关于打击恐怖主义的政策和战略决定。2002 年 6 月, 欧盟通过《打击恐怖主义的框架决定》, 界定了 "恐怖主义行为"。在 2003 年 12 月举行的首脑会议上, 欧盟提出第一项共同安全战略——《更加美好世界中安全的欧洲——欧洲安全战略》, 界定了威胁的来源, 阐述了欧盟的战略目标、国际性角色及相应的战略能力与战略手段。2004 年, 欧盟推出恐怖组织 "黑名单", 并通过欧洲统一逮捕令。2005 年 12 月,《欧盟反恐战略》出台, 为欧盟反恐政策发展制定了中长期规划, 确立了欧洲 "预防、保护、追捕和应对" 四大目标, 初步形成一个立体的战略框架体系。2007 年, 欧盟实施欧洲《安全研究计划》, 主体是公民的安全、基础设施和公用事业的安全、智能监控和边境安全、危机下的安全和恢复等四大安全任务。2010 年, 欧盟通过内部安全策略及相应行动计划, 明确五大战略目标: 切断国际犯罪网络、预防恐怖主义、保障通信安全、加强边境管理、增强欧洲抵御危机和灾难的能力[1]。2016 年, 欧盟出台《全球外交与安全战略》, 称极端主义、恐怖主义威胁上升, 以传统安全威胁回归为特征的形势变化, 突出反映出内外安全威胁相互交织的特点, 并将恐怖主义等 5 项内容视为主要安全威胁, 通过提高在反恐、网络及能源等特定领域的自卫和防范能力, 加强防务能力建设。上述欧盟反恐战略中, 最重要的是 2005 年《欧盟反恐战略》和 2016 年《全球外交与安全战略》[2]。

---

[1] 申志宏、苏瑞林:《后 9·11 时代欧盟反恐政策探析》,《国际论坛》2015 年第 24 期, 42—45 页。

[2] 联合国文件: A/72/111, 14 页。

表 2-2 欧洲现行反恐法律文书

公约名称	机构	签订时间
《欧洲制止恐怖主义公约》	欧洲委员会	1977 年
《修正＜欧洲制止恐怖主义公约＞的议定书》	欧洲委员会	2003 年
《欧洲委员会防止恐怖主义公约》	欧洲委员会	2005 年
《欧洲委员会关于犯罪收益的清洗、搜查、扣押和没收问题以及资助恐怖主义问题的公约》	欧洲委员会	2005 年
《欧洲委员会防止恐怖主义公约的 2015 年附加议定书》	欧洲委员会	2015 年
《欧洲关于涉及文化财产罪行的公约》	欧洲委员会	2017 年
《欧亚反洗钱和打击资助恐怖主义行为工作组协定》	欧亚反洗钱和打击资助恐怖主义行为工作组	2011 年
《特别是在打击恐怖主义、跨国界犯罪、非法移徙方面加强跨国界合作的公约》	欧洲联盟	2005 年

注：本表参照文献《2017 年消除国际恐怖主义的措施秘书长的报告》编制

（二）组织机构概况

欧盟虽未设立单独的机构处理恐怖主义有关事务，但在 20 世纪 90 年代，欧盟相继设立了一系列相关的职能机构，包括欧洲刑警组织、欧盟司法局、欧洲情报中心、欧盟警察局长特别工作组等，并赋予其打击恐怖主义的职能。

1.欧洲委员会反恐委员会

该委员会是欧洲委员会的主要反恐协调机构，前身是反恐专家委员会，2018 年更名，主要目标是监督和确保相关欧洲委员会法律文书的顺利实施，同时也为国际专家提供分析和响应反恐领域最新动态的手段，包括设置标准。

2. 欧洲反恐怖主义中心

2016 年 1 月，欧洲刑警组织成立了欧洲反恐怖主义中心。它是一个行动中心，也为欧盟应对恐怖主义提供专家咨询。作为欧盟反恐行动的枢纽，反恐怖主义中心的职能主要包括：根据欧盟成员国的调查请求提供行动支持；应对外国"圣战者"；共享恐怖主义融资的情报和专业知识（通过恐怖分子资金追踪项目和金融情报机构）；打击在线恐怖主义和极端主义宣传（通过欧盟网络小组）；阻止非法武器贩运；反恐机构间的国际合作。同时，该中心也为成员国的行动提供战略能力和反恐行动支持，它可以根据欧洲刑警组织现有数据交叉比对，调出财务数据，协助编制恐怖主义网络的结构图[1]。

（三）发展现状与成果

近年来，欧洲各国在反恐问题上已经初步形成较好的政治基础和法律基础，并且在反恐实践中有力推进合作，主要表现在以下方面。

1. 欧盟反恐合作运转模式已相对成熟

在 2016 年巴黎恐袭事件发生后，欧洲刑警组织成立特别工作组，指派 60 名警官支持法国和比利时的调查。2017 年初，这两个国家已经向欧洲刑警组织提供 19TB 大小的信息，2500 条交换信息，1247 条来自恐怖分子财政追踪项目（TFTP）的线索，2274 条其他财务线索和 60 条旅客姓名记录查询申请。

---

[1] EUROPEAN COUNTER TERRORISM CENTRE – ECTC, https://www.europol.europa.eu/about-europol/european-counter-terrorism-centre-ectc.

2. 从法律文书到行动实践，欧盟已初步形成大反恐格局

欧盟各国目前在反恐立法、反恐战略制定和反恐行动层面均得到了欧盟有关组织的帮助，是国际社会的良好典范。欧盟反恐的主要目标清晰明确：应对回流外国恐怖主义作战人员威胁，防止和打击激进化；确保将恐怖分子及其支持者绳之以法；改善情报交流；加强欧洲反恐中心；切断恐怖分子获得火器和爆炸物的途径；打击资助恐怖主义行为；保护公民和重要基础设施①。

3. 国家主权让渡难题困扰欧盟反恐合作推进

欧盟成员国同意加强反恐合作以确保本国安全，然而打击恐怖主义与犯罪行为需要国家让渡部分主权给欧盟的反恐协调机构，这从一开始就成为阻碍欧洲反恐合作的绊脚石。1977 年欧洲委员会签署的《欧洲制止恐怖主义公约》，就因为法国认为引渡和政治犯的认定是国家权力不愿让渡，最初未得到法国的支持。这一问题突出表现为情报交流合作难以达成、涉及公民隐私权的措施无法实施，这给欧盟反恐执行机构行动的合法性造成了困扰，也对执法力度产生了较大影响。面对近年来恐怖主义的普遍威胁，欧洲各国只有强化对恐怖主义威胁的认知，让渡权力给反恐执行机构，各国通力合作，才能有效减少恐怖主义威胁。

二、独立国家联合体组织的反恐多边合作

独立国家联合体组织覆盖中亚和北高加索地区，反恐是独联体国家合作的重要内容。目前活跃在独联体地区的跨国安全组织主要有：独联体集体安全条约组织；上海合作组织；中亚国家之间的安全合作组织，

---

① 联合国文件：A/C.6/72/SR.1。

如中亚合作组织；中亚倡导的安全机制和论坛，如亚信会议；西方国家主导的地区安全合作组织，如欧安组织、"古阿姆联盟"、北约"和平伙伴关系"计划等[①]。其中，独联体集体安全条约组织和上海合作组织在中亚反恐中占据重要地位。

（一）法律机制基础

1.现行条约与议定书

独联体国家现行的反恐条约和议定书共有3项，分别对打击恐怖主义、反恐程序和恐怖主义融资问题予以规范。1999年6月，独联体成员国政府首脑签署了《独立国家联合体成员国合作打击恐怖主义条约》，为各主管机关在预防、侦察、制止和调查恐怖主义行动中进行合作建立了法律基础。2002年签订《批准关于在独立国家联合体成员国境内组织和开展联合打击恐怖主义活动的程序的2002年议定书》，2007年签订《独立国家联合体成员国有关打击犯罪所得合法化（洗钱）和资助恐怖主义行为的条约》。2009年集体安全条约组织签订《集体安全条约组织集体快速反应部队协定》，对部分独联体国家也产生约束。

2.战略文件与方案

为了制订系统的预防措施，反制国际恐怖主义和其他形式的极端主义，2000年6月，独联体11个成员国首脑通过了《独联体成员国打击国际恐怖主义和其他形式的极端主义直至2003年的方案》，确定打击国际恐怖主义合作的基本领域：（1）独联体国家加入联合国及其专门机构、原子能机构和欧洲委员会框架内所缔结的打击国际恐怖主义的各项基本

[①] 古丽娜扎提·吐尔逊、阿地力江·阿布来提：《中亚反恐法律及其评析》，《俄罗斯中亚东欧研究》2010年第5期，25页。

国际条约;（2）各国国内实施必要程序,使打击恐怖主义的国际条约生效;（3）起草打击国际恐怖主义的示范立法,并在此基础上协调独联体各成员国在此领域的立法,使其一致;（4）建立联合的指挥所,进行联合的反恐怖主义的战术—行动作业;（5）实施预防、侦察和制止国际恐怖主义活动的协调的多部间行动,实施预付特定目标的措施和特别行动;（6）建立关于国际恐怖主义组织、其领导人和向国际恐怖主义者提供支助的人的数据库;（7）交流行动资料;（8）举行关于打击国际恐怖主义及其他形式极端主义的实用性科学会议;（9）培训即将参与打击国际恐怖主义小组的专家和培训员[①]。

（二）组织机构概况

独联体国家内负责反恐的专门机构是独联体反恐怖主义中心。2000 年 12 月根据独联体各国首脑理事会决定成立的反恐怖主义中心,作为独联体内常设职能的专门机构,负责协调独联体成员国主管打击国际恐怖主义的各机关间的合作。反恐怖主义中心的基本任务和功能有：（1）为发展独联体成员国打击国际恐怖主义的合作起草各项提议;（2）建立专门的数据库;（3）参与筹备、举办指挥所和战术—行动的反恐怖活动;（4）协助独联体成员国筹备和执行打击国际恐怖主义的行动搜查措施和联合行动;（5）设计协调的反恐怖主义示范措施并为其执行提供援助;（6）与关于打击国际恐怖主义的国际中心和组织建立并维持工作联系[②]。

[①] 联合国文件：A/56/160,13 页。

[②] 联合国文件：A/56/160,13 页。

2014 年 8 月，独联体集体安全条约组织（集安组织）成员国在吉尔吉斯斯坦比什凯克举行联合维和演习。

（三）发展现状与成果

反恐合作对独联体国家最明显的作用是促进了独联体国家军事联合和一体化进程。反恐合作的一个重要手段是军事行动和演习，通过演习不仅可以提高实际与恐怖分子对抗的能力，也对独联体国家的军备对接程度有所考验。独联体成员国首次大规模反恐合作，是 1999 年独联体成员国为打击入侵吉尔吉斯斯坦共和国南部地区的国际恐怖主义土匪团伙采取的反制措施。1999 年和 2000 年，独联体连续两年开展名为"南盾"的联合作业，解决领导组织和使用国际特遣部队问题。联合作业催生了中亚区域内的集体快速部队，其首要任务就是进行反恐怖行动[1]。2000 年反恐怖主义中心成立以来，举行了多次反恐演习，包括 2001 年

---

[1] 联合国文件：A/56/160，14 页。

4 月在吉尔吉斯斯坦举行的"南部反恐—2001"，2002 年 4 月在哈萨克斯坦、吉尔吉斯斯坦和塔吉克斯坦举行的"南部反恐—2002"，2003 年的"亚速海反恐—2003"，2004 年的"西部反恐—2004"，2005 年的"里海反恐—2005"，2006 年的"核反恐—2006"，等等，重点是对中亚地区恐怖组织可能针对铁路、公路、信息等方面的恐怖活动提高行动能力，培育专业人才[①]。2017 年 5 月，第 27 届独联体国防部长理事会会议期间，在独联体反恐怖主义中心框架内，俄罗斯和塔吉克斯坦联合举行"杜尚别—反恐—2017"军事演习，俄"伊斯坎德尔 -M"战役战术导弹系统首次亮相，意图构建独联体国家的空天侦察和预警、空天武器破坏和抑制、空天防御管理系统和技术保障子系统，进一步推动独联体军事联合和一体化进程。

三、东南亚地区多边反恐合作

东南亚地区多国宗教、民族矛盾频发，本土激进势力受国际极端组织影响日益增大。东盟各国为了确保地区安全，在东盟框架内以部长级会议和首脑会议等多种形式，确立反恐合作意向，反恐合作机制和措施也不断健全。

（一）法律机制基础

东盟国家反恐合作源于元首的政治意向，以公约的形式予以确立，并取得了一定成果。

[①] 李永全：《独联体反恐怖中心》，载于《中亚区域合作机制研究（论文集）》，北京：世界知识出版社，2009 年，80—87 页。

1. 政治意向文件

1992 年 1 月，在新加坡举行的第四届东盟首脑会议通过《新加坡宣言》，鼓励东盟各国合作解决共同关心的政治安全问题。1997 年和 1998 年，东盟部长级会议分别通过《打击跨国犯罪宣言》和《预防和控制跨国犯罪马尼拉宣言》，为反恐领域的跨国合作奠定了基础。2001 年 "9·11" 事件后两个月，第七届东盟首脑会议通过首份专门性反恐文件《东盟联合反恐行动宣言》，在强化各国反恐法治、机制建设，提高各国情报、执法、侦察、监控等反恐能力和促进区域内国家在双边、地区、国际反恐领域合作等方面提出了要求。2002 年 11 月，第八届东盟首脑会议通过了《关于恐怖主义的宣言》，重申东盟反对各种形式的恐怖主义，就反恐合作进一步加深共识。2003 年 9 月，东盟连续举行东盟陆军总司令会议和东盟警察首脑会议，由单边走向多边的反恐区域合作态势逐渐清晰。2003 年 10 月，第九届东盟首脑会议通过了《巴厘第二协约宣言》，提出在 2020 年之前建立 "东盟安全共同体" "东盟经济共同体" "东盟社会文化共同体"，为东盟国家反恐合作建立了更坚实的政治基础。2004 年 3 月，东盟地区论坛再次表达各成员国一致反恐的决心，同意加强协调、保障安全。2007 年东盟成立 40 周年之际，第 13 届首脑会议期间十国领导人签署《东盟宪章》，宣誓东盟要致力于维护并加强本地区和平、安全与稳定，加速了东盟一体化进程，为迎接包括恐怖主义在内的安全挑战奠定基础。

2. 现行法律文件

2003 年 8 月，东盟召开反恐立法会议，对成员国反恐立法和法律协调衔接问题进行讨论，并在 2007 年第 13 届东盟首脑会议上签署《东盟打击恐怖主义公约》，为地区反恐合作建立法律框架，这成为东盟地区反恐合作的里程碑。目前，10 个东盟成员国都已经批准了该公约并全力

2013年9月，东盟10国和美国、俄罗斯、中国、澳大利亚、印度、日本、新西兰和韩国等8个国家的反恐军事联合演习在印尼举行。

执行，密切合作打击激进和极端主义。该公约明确规定了东盟框架内成员国进行反恐合作的13个领域，并且对刑事司法协助和引渡问题提出明确规范。相关法律文书还有《东盟共同司法协助行动计划》，为反恐司法合作提供基础和帮助。

（二）组织机构概况

目前，东盟并未设立反恐专门机构，反恐最高决策和纲领由东盟首脑峰会确定，日常工作由东盟警察首脑会议负责。东盟警察首脑会议由东盟10个国家内政部门最高首脑组成，职能是讨论应对包括恐怖主义在内的、威胁地区安全的各类跨国犯罪的措施。

（三）发展现状与成果

多年来，东盟地区反恐合作取得一定成果，主要表现在以下方面。

1. 加强内部情报合作机制，推动地区反恐合作进展

自从《东盟联合反恐行动宣言》和《东盟打击恐怖主义公约》签署以来，东盟成员国不断完善双边和多边反恐机制，推动地区反恐合作不断取得进展。2002年，印尼、马来西亚、菲律宾签署《情报交换和信息处理协议》，而后柬埔寨、泰国、文莱也先后加入，为建立地区反恐情报合作奠定了基础。2018年1月25日，印尼、马来西亚等6个东盟成员国在巴厘岛达成一项名为"我们的眼睛"的情报合作协定，要求参与国的高级防务官员每两周会面一次，交换与分享各自收集到的武装组织活动情报。同时，东盟国家也积极开展对于威胁地区安全的恐怖主义和其他犯罪行为的情报信息交换，2005年5月东盟国家警察总长会议决定启动犯罪情报数据库系统。2007年6月该数据库正式启动，东盟各国警察部队之间从此可以实现重要安全信息数据的共享。2009年5月，东盟国家警察总长会议常设秘书处在马来西亚建立，由各国指定专员负责与警察总长会议之间的衔接。

2. 与域外力量开展有效反恐合作

东盟作为一个整体，分别与中国、美国、欧盟等国家和组织建立跨区域的反恐合作。2001年11月，中国与东盟"10+1"领导人会议通过《反对恐怖主义联合行动宣言》，其后出台一系列反恐计划，开展多次联合反恐演习，提高反恐实战能力。2002年8月，美国与东盟共同签署《合作打击国际恐怖主义联合宣言》，制定"美国—东盟反恐工作计划"，美国向部分东盟国家提供信息技术、人员培训和后勤保障援助，建立美国在东南亚地区的反恐支点。相比之下，东盟与欧盟之间的合作尚缺乏相应工作计划和具体措施。2001年12月，欧盟—东盟部长级会议发表《反恐合作联合宣言》，并于2007年3月通过《纽伦堡宣言行动计划》。2012年7月欧盟与东盟签订《欧盟—东南亚友好合作条约》，双方的反

恐合作已经具备一定的政治基础。

3.严格执行联合国决议

东盟各国始终坚持联合国在国际反恐中的主导地位，响应联合国号召，在打击激进主义和极端主义、消除恐怖主义根源问题上有所努力。东盟在打击激进主义和极端主义方面举办系列讲习班，召开部长级会议，并通过执行《2030年可持续发展议程》有效消除暴力的根源，从而促进建立和平、公正和包容的社会。

四、中东地区多边反恐合作

中东反恐合作有三个重要平台——阿拉伯海湾合作委员会（以下简称"海合会"）、阿拉伯国家联盟和伊斯兰合作组织。各组织在促进地区反恐合作的法律和政治文书上均有所建树，表明反恐合作意向已在中东地区各国间初步达成，但由于内部协调问题突出，反恐合作并未取得明显成效。

（一）法律机制基础

1.海合会反恐法律与政治文书

2001年10月，海合会内政大臣会议通过《反恐活动统一战略》，开启海湾国家多边反恐合作的先河，奠定反恐合作的组织基础。2003年10月，海合会在多哈举行内政大臣会议，会议宣言强调，各国应坚决支持一切反恐国际合作，支持切断国际恐怖主义的财政和经济来源，强调成员国间的情报和行动协调。同年12月22日，第24届海合会首脑会议发表宣言，称将采取新的手段打击恐怖主义，包括对地区内宣扬伊斯

2017 年 11 月 26 日，沙特阿拉伯发起组建的"伊斯兰国家反恐军事联盟"在沙特首都利雅得召开首次成员国国防部长会议，就共同努力从多方面打击恐怖主义达成一致。

兰极端主义思想的教材进行调整[①]。2004 年 5 月 4 日，海合会内政大臣协商会议上，与会各国签署了《海湾阿拉伯国家合作委员会打击恐怖主义公约》，作为海湾国家最具权威效力的反恐法律文书予以发布。2005 年，海合会六国签署《共同反恐协定》，强调增强各成员国的安全防务，打击走私、偷渡等跨国犯罪行为。

2. 阿拉伯国家联盟反恐法律与政治文书

阿拉伯国家联盟现行反恐法律文书主要包括 1998 年签订的《阿拉伯制止恐怖主义公约》《阿拉伯制止恐怖主义公约的 2008 年修正案》以

---

① 孙玉庆：《海合会发表声明，将采取新措施反恐包括修改教材》，中国网 2003 年 12 月 23 日，http://www.china.com.cn/chinese/HIAW/466375.htm。

及 2010 年签订的《阿拉伯打击洗钱和资助恐怖主义公约》。其中 1998 年通过并于 2008 年修订的《阿拉伯制止恐怖主义公约》，是该组织深化反恐合作的重要成果，旨在寻求阿拉伯国家间合作，共同打击威胁其安全稳定和损害其重大利益的恐怖主义罪行。这份公约最突出的特点是在何为恐怖主义这一问题上达成了共识。

3. 伊斯兰合作组织反恐法律与政治文书

1999 年伊斯兰会议组织（2011 年 6 月改名为"伊斯兰合作组织"）通过《伊斯兰会议组织关于打击国际恐怖主义的公约》。2005 年，在沙特阿拉伯麦加举行的伊斯兰会议组织第三届特别峰会通过了《十年行动纲领》。该纲领第六部分主要是关于国际恐怖主义问题，再一次重申了伊斯兰会议组织反对国际恐怖主义的承诺。

（二）组织机构概况

目前，上述组织框架内未成立专职处理恐怖主义协调问题的机构，主要由原有架构中负责安全的部门代理反恐合作事宜。海合会主要是由部长理事会和总秘书处负责。阿拉伯国家联盟主要由阿拉伯司法和内政部长委员会负责，其中内政部长委员会下设实体刑事警察局，负责公约的监督执行。虽然在 2016 年 4 月 15 日举行的第 13 届伊斯兰合作组织首脑会议上，由土耳其总统埃尔多安宣布各成员国批准在伊斯坦布尔成立伊斯兰合作组织警方合作与协调中心，以使打击恐怖活动和其他犯罪行为的合作得到"强化和机制化"，但目前进展缓慢。

（三）发展现状与成果

总的来看，阿拉伯海湾合作委员会、阿拉伯国家联盟和伊斯兰合作组织在反恐领域的合作成效有限，各国在反恐协调上内部问题突出，一方面，长期以来存在的教派、民族冲突不断干扰中东整体反恐合作进程，另一方面，在美国、俄罗斯等大国干预下，中东各国的地缘博弈日趋激烈，对于反恐主导权的争夺致使各国在反恐问题上难以达成一致。2015年12月，沙特宣布组建34国"伊斯兰国家反恐同盟"以打击极端组织"伊斯兰国"，然而一些成员国却表示从未同意加入这一联盟。中东国家反恐合作任重道远。

五、美洲地区多边反恐合作

（一）法律机制基础

美洲国家组织反恐合作的法律基础是1971年签订的《防止和惩治以侵害个人罪行和相关勒索罪行形式进行的具有国际影响的恐怖主义行为公约》、1981年达成的《美洲国家组织国家间引渡公约》和2002年签订的《美洲国家组织反恐怖主义公约》。截至2017年5月10日，美洲国家组织已有33个成员国签署《美洲国家组织反恐怖主义公约》，已有24个成员国批准该公约[1]。《美洲国家组织国家间引渡公约》试图将劫机、绑架和攻击被保护人的行为列为非政治犯罪行为，取消恐怖分子避难地和庇护权，但没有得到广泛批准。

（二）组织机构概况

美洲国家组织负责反恐合作的主管机构是美洲制止恐怖主义委员会，其宗旨是推动合作，防止、打击和消除恐怖主义行为和活动。委员会由所有成员国的国家主管部门组成，每一成员国任命其在委员会的代

---

① 联合国文件：A/72/111。

表。委员会根据《防止、打击和消除恐怖主义利马宣言》《防止、打击和消除恐怖主义半球合作利马行动计划》《马德普拉塔承诺》等文件开展工作，主要履行的职能有：

（1）推动防止、打击和消除恐怖主义的美洲合作；（2）建立技术合作框架，其中参考了《马德普拉塔承诺》附录一、二和三制定的拟议准则；（3）鼓励、推动、协调和评估以下文书的适用情况：《利马宣言》《利马行动计划》，1997年5月美洲国家组织"审查成员国改进关于防止、打击和消除恐怖主义的资料交流及其他合作措施的政府专家会议"上提出的建议，以及《马德普拉塔承诺》所载建议；（4）向提出请求的成员国提供协助，以防止、打击和消除恐怖主义，同时按照成员国的国内法，促进交流以下经验和情报：与恐怖主义行动有联系的个人、集团、组织和运动的活动，直接或间接保护或支持恐怖主义分子的组织的财政来源、实体情况及其与其他罪行可能的联系；（5）根据1997年5月举行的美洲国家组织"审查成员国改进关于防止、打击和消除恐怖主义的资料交流及其他合作措施的政府专家会议"的提议，审议关于防止、打击和消除恐怖主义管辖权目录和美洲恐怖组织问题数据库的各项提案；（6）与1997年11月14日在美洲国家组织总部通过的《美洲国家制止非法制造和贩运火器、弹药、爆炸物及其他有关材料公约》所设协商委员会协调合作，以期确保充分交流关于非法贩运能够用于恐怖主义行为或活动的火器、弹药、爆炸药、材料或技术等问题；（7）经主管当局同意，与其他主管此事的国际实体建立协调机制；（8）通过常设理事会，向大会提交年度报告和它认为适当的任何特别报告①。

---

① 联合国文件：A/54/301。

（三）发展现状与成果

美洲国家组织在区域内反恐中发挥重要作用，设定 12 项能力建设和技术援助方案，分别覆盖边境管制、重要基础设施保护、立法援助和打击资助恐怖主义行为、加强应对新出现的恐怖主义威胁（危机管理）战略以及国际合作和伙伴关系等五个领域。

1. 协助成员国增加知识和能力

美洲反恐委员会充分发挥技术援助作用，通过组织研讨会和讲习班、开设反恐训练班等手段，为美洲国家培养了大批反恐人才。2013 年，该委员会在海上安全方面完成了港口安全援助伙伴关系第三阶段讲习班，讲习内容包括港口安全评估和后续培训、危机管理演习和最佳做法等。同年，该委员会秘书处还在安提瓜和巴布达、哥斯达黎加、多米尼克、墨西哥和秘鲁就旅游业安全举办了 6 次培训活动[①]。2016 年 2 月，美洲反恐怖主义委员会举行第 16 届会议，由秘书处提供技术援助和培训课程，所涉领域包括网络安全和关键基础设施、边境管制、防止资助恐怖主义行为和支持执行安全理事会第 1540（2004）号决议。

2. 加强成员国应对新出现的恐怖主义威胁的战略方案

这一方案主要是通过实际演习和技术援助，以解决具体问题并制订国家应急计划。在过去 5 年里，该方案为 30 多个成员国的 1000 多名政府官员提供了重要培训。2013 年期间，根据该委员会的立法援助和打击资助恐怖主义行为方案，为 420 多名官员举办了 13 次培训活动。另外在该方案下，还为巴拿马、秘鲁和苏里南等国起草与最终通过反恐和打击资助恐怖主义行为的立法提供了技术支持[②]。

---

① 联合国文件：A/69/209。
② 联合国文件：A/69/209。

3. 发挥对外反恐联络平台作用，帮助成员国获取反恐协助

美洲反恐委员会秘书处作为美洲国家整体的反恐代言人，与联合国和其他国家、组织开展合作，提高美洲国家整体反恐能力水平。2006年美洲反恐委员会秘书处与联合国毒品和犯罪问题办事处合作，在巴拿马为中美洲各国组织了区域部长级会议。同年4月，在迈阿密就网络犯罪与恐怖主义问题为来自14个美洲反恐委员会成员国的32名情报、警察和军事部门的官员组织了研讨会。2006年5月和2007年5月，在哥伦比亚卡塔赫纳举办了两次研讨会，为来自17个伊比利亚—美洲国家的检察官就起诉恐怖主义案件时所使用的法律工具和方法问题提供技术援助[①]。

美洲国家组织反恐委员会目前的协调和努力主要集中在立法援助与成员国反恐能力培训方面，虽取得了一定的成效，但尚未在反恐合作的实际行动中采取有力措施，其作用还有待加强。

---

① 联合国文件：A/61/210。

第三节
双边反恐合作

双边反恐合作，出发点是双方具有共同的斗争目标，或彼此间有反恐需求，落脚点是双方开展的有效反恐行动。从地域上看，双边反恐合作既有邻国间的，也有非邻国间的；从国家上看，既有大国之间的，也有中小国家之间的；从内容和效力上看，有些具有实质性意义，有些是在总体大趋势下的顺势行动。本节选取美国、俄罗斯、印度、土耳其、伊朗、沙特和尼日利亚7国作为地区反恐合作代表，探求双边反恐合作的实效。

一、美国的双边反恐合作

美国的双边反恐合作主要在三个层级上展开：一是与北约盟国联合发起的国际反恐行动；二是与北约之外的盟国开展反恐合作，如巴基斯坦和菲律宾，以实现特定的地区利益；三是通过国防部发放反恐伙伴基金，对在反恐核心区域因需要而确立的反恐合作伙伴予以资助，以提高伙伴国家的反恐能力和水平，从而维护美国自身利益。

（一）美国与巴基斯坦的反恐合作

从 1979 年苏联军事干预阿富汗，到 2001 年美国在阿富汗发起反恐战争，美巴之间建立了"紧密"的盟友关系。美国每年向巴基斯坦提供数十亿美元的军事援助，最高时期达到巴基斯坦国家军事预算的近50%。与此同时，巴基斯坦也为美国的阿富汗战争与反恐提供了巨大支持和帮助，包括为高达 20 多万美军在阿富汗实施军事行动提供后勤支援，逮捕大量美国通缉的恐怖分子，为美提供巴领土与领空的使用权，默许美情报人员在巴活动，等等。2011 年 5 月 1 日，美国反恐的头号目标——"基地"组织头目本·拉登被击毙后，美逐步从阿富汗撤军，对巴需求也同步下降。从此，美巴关系渐行渐远，美对巴军事援助逐渐减少，到 2017 年已经削减了 73%。特朗普上台后，2017 年美国新南亚战略出台，其重心已经转向印太。2018 年 1 月 1 日，特朗普新年第一条推特直

2018 年 1 月 4 日，美国政府宣布已暂停向巴基斯坦提供一笔巨额安全援助，美方何时恢复援助将视巴方在反恐上的"表现"而定。图为巴基斯坦示威者抗议美方这一决定。

指巴基斯坦反恐不力，随后美国防部叫停向巴基斯坦提供的 2017 年度 9 亿美元的同盟支持资金，要求巴基斯坦政府对阿富汗塔利班和"哈卡尼网络"采取切实行动。据美国务院官员称，受影响的军事援助总额约 19 亿美元，其中 10 亿美元为美对外军事援助项目资金，主要用于购买美国的武器装备；9 亿美元为同盟支持资金，用于支持美国军事行动。美国这一做法不仅会加重巴基斯坦政府的反恐负担，导致巴基斯坦境内恐怖活动可能加剧并外溢，也会激起巴基斯坦国内反美情绪，使美巴同盟关系渐行渐远。

（二）在动荡地区的伙伴关系

中东和非洲一直是恐怖分子盘踞之地，恐怖袭击频繁发生。为了维护美国及其在欧洲和阿拉伯地区盟友的利益，美国以国防部为主，在中东和非洲与一些国家建立了长期反恐合作伙伴关系，并向伙伴国家提供资金、培训和装备援助，使它们可以及时响应各种危机，以实现在当地打击恐怖主义的目标。这些伙伴关系主要包括：在萨赫勒马格里布地区，美国通过资助阿尔及利亚、布基纳法索、利比亚、马里、毛里塔尼亚、摩洛哥、塞内加尔和突尼斯等国家稳定利比亚乱局，缓解美国及其盟友的安全压力；在乍得湖盆地，美国通过支持喀麦隆、乍得、尼日尔和尼日利亚，压制当地恐怖组织"博科圣地"和"基地"组织分支的势力；在东非地区，美国资助吉布提、埃塞俄比亚、肯尼亚、索马里和乌干达，以应对索马里"青年党"和东非"基地"组织的威胁；在黎凡特地区，美国支持约旦、黎巴嫩和土耳其等国家，控制叙利亚局势，与"伊斯兰国"斗争，缓解美国及其盟友的压力；在阿拉伯半岛，美国给予阿曼、巴林和海湾协调委员会的其他国家支持，以控制也门内战局势，压制伊朗；在中亚地区，美国资助塔吉克斯坦，目标是支持美国在阿富汗的战争。

不过，在 2018 财年预算中，特朗普政府提出将对中东和北非国家的双边军事援助金额削减 12%，并将更多的军事援助改为军事贷款，在美国核心利益得以保障的前提下增强受援国自身反恐能力建设。

二、俄罗斯的双边反恐合作

俄罗斯最主要的反恐合作是在独联体组织、集安组织和上合组织框架下开展的。从双边反恐角度来说，较为活跃的是俄罗斯与中国的双边反恐合作，不仅成立中俄反恐工作组，签署反恐协定，还多次开展联合军演，把反恐合作意向落到实处。

（一）俄罗斯与欧盟的反恐合作

反恐一直是俄罗斯和欧盟双边关系成果的最佳代表。冷战结束后，欧盟国家持续就车臣问题对俄罗斯进行指责，双方在恐怖主义的定性问

2017 年 12 月，中俄两国在宁夏银川举行"合作—2017"联合反恐演训。

题上分歧较大。2001 年 "9·11" 事件的惨痛教训，使得俄罗斯和欧盟将反恐领域的合作提上日程。2001 年 10 月，俄罗斯和欧盟在俄欧峰会后针对国际恐怖主义发表联合声明，预示着双方将在交换恐怖组织和个人信息、打击各种恐怖主义行为上开展深入合作。2002 年 11 月俄欧峰会后，双方发表联合声明称，将坚持反恐的统一战线，并扩大联合反恐的合作范围。这份声明是双方反恐合作的首份框架性文件。2003 年俄欧峰会上双方形成新的机制，共同建设 "四个共同空间"，反恐是其中自由、安全和法治共同空间路线图的重要元素。2003 年 11 月，俄罗斯和欧洲刑警组织签署合作协议，为反恐和打击有组织犯罪奠定法律基础。2010 年 5 月，欧盟和俄罗斯同意加强双方在反恐和打击有组织犯罪方面的合作，特别是在打击激进化，切断招募渠道、资金链和保护关键设施方面的合作。同年 10 月，新的俄罗斯和欧洲刑警组织协议启动，新协议特别关注个人数据交换。随后，俄罗斯开始参与欧洲刑警组织的分析活动，并为专家筹备每年的有组织犯罪风险评估和欧盟恐怖主义态势和趋势报告提供信息。2018 年 2 月，俄罗斯和欧盟再次就反恐问题进行磋商，强调应阻止 "外国武装恐怖分子" 回流，防范恐怖主义和极端主义意识形态的传播。

总体而言，俄罗斯是《欧洲委员会防止恐怖主义公约》的缔约国，双方在反恐问题上有着共同的利益和需求，也已经初步形成反恐磋商的机制。然而，欧盟和俄罗斯长期以来的对立状态，不断影响着双方的反恐合作。近年来，在克里米亚问题、俄罗斯前情报人员 "中毒" 案中，大多数欧盟国家驱逐俄罗斯外交官，并发起经济制裁，双方因政治动机引发的矛盾无法调和。同时，欧盟和俄罗斯在关于恐怖主义的定义等根本问题上存在分歧，这将大大影响双方反恐合作实效。

（二）俄罗斯与巴基斯坦的反恐合作

2017 年 9 月，俄罗斯和巴基斯坦举行联合军演，反恐同盟关系显现雏形。这是 2016 年友谊军演的继续，也是俄罗斯和巴基斯坦首次联合军演，表明双方从 2016 年开始的军事伙伴关系达到前所未有的水平。2017 年的军演在高加索地区的山区进行，为期两周，重点是反恐和人质营救行动。这场演习标志着自从 2014 年俄罗斯解除对巴基斯坦的军售禁令以来，双方的战略伙伴关系进入新时代。此前印度曾要求俄罗斯取消此次联合演习，但遭到俄罗斯拒绝。俄罗斯与巴基斯坦的走近，源于美国总统特朗普对巴基斯坦反恐不力的指责，此举引发美巴关系危机。巴基斯坦国内持续增加的反恐压力，也使得巴不断提高其军事伙伴关系的多样性，更加依赖中国和俄罗斯[①]。

（三）广泛的双边反恐合作

俄罗斯以国家或部门名义，针对反恐的不同需求开展了广泛的双边反恐合作。在刑事司法合作方面，2016 年，俄罗斯联邦的监督机构与柬埔寨、埃及、南非和泰国的主管当局就部门间反恐合作问题签署了合作备忘录。2010 年，俄罗斯与奥地利、喀麦隆、捷克、匈牙利、马耳他、摩洛哥和阿拉伯联合酋长国共同起草刑事法律互助双边条约和公约；俄罗斯联邦检察长办公室与瑞典、卡塔尔、希腊、挪威、乌克兰、黎巴嫩、波兰、朝鲜、马里、阿尔巴尼亚、阿根廷、立陶宛和塞尔维亚分别签署了在反对恐怖主义和有组织犯罪领域进行合作的协定或谅解备忘录。1998 年至 1999 年期间，俄罗斯联邦与挪威、西班牙、德意志联邦共和

---

① Polina Tikhonova：Russia-Pakistan Drills: Anti-Terrorist Superpower Alliance, https://www.valuewalk.com/2017/09/russia-pakistan-drills-superpower-alliance/.

国缔结了打击犯罪合作协定，包含协调双边反恐怖主义努力的条款。在打击资助恐怖主义方面，俄罗斯联邦金融监督局在 2013 年分别同古巴、斐济、马里、波兰、沙特阿拉伯、斯洛伐克和乌兹别克斯坦的金融情报部门缔结了反洗钱和打击资助恐怖主义行为合作协定，并与日本和塞内加尔的有关当局缔结了谅解备忘录。2010 年分别同新加坡、黑山金融情报中心缔结了机构间协议，同奥地利、比利时、塞浦路斯、爱沙尼亚、哈萨克斯坦、拉脱维亚、列支敦士登、卢森堡、新西兰、挪威、巴拿马、波兰、西班牙、瑞典、英国和英属维尔京群岛的金融情报中心联手开展国际金融调查，打击资助恐怖主义行为[①]。2009 年，俄罗斯同阿尔巴尼亚、阿根廷、立陶宛和塞尔维亚缔结协定，规定就可能与资助恐怖主义相关的活动交流信息。在共享预防恐怖主义和极端犯罪行为的专门知识方面，俄罗斯检察官办公室与亚美尼亚、中国、韩国和卡塔尔的主管机构签署了 2011—2012 年合作方案。在广泛的双边机制保障下，俄罗斯的反恐合作在全球范围内得以有效展开。2016 年，俄罗斯联邦向若干国家的主管当局发出 20 份引渡请求，要求引渡涉嫌参与恐怖主义案件的个人。它还向若干国家的主管当局发出 24 份请求，要求为有关恐怖主义犯罪的刑事诉讼提供司法协助，其中 10 份请求得到协助。俄罗斯联邦也接到来自他国的 55 项司法协助请求。

三、印度的双边反恐合作

印度最重要的双边反恐合作伙伴是美国。印美反恐合作的两个重要推动因素是 2001 年"9·11"事件和 2008 年 11 月的孟买恐袭事件。

---

① 联合国文件：A/66/96。

"9·11"事件之后，美国在全球开展反恐合作，在这样的背景之下，印—美联合反恐工作组成立，双方就恐怖分子资金活动的情报交流合作达成一致，同时提出在边界管控的联合培训、监控技术和恐袭事件响应等问题上相互支持。此后，美国联邦调查局和国土安全部通过打击恐怖主义援助（ATA）项目，为印度安全官员开展反恐培训，有效提高了印度政府的反恐能力。2008年孟买恐怖袭击事件成为印美加深反恐合作的又一重要节点，事后美国承诺在印度反恐问题上向其盟友巴基斯坦施压。在2009年的印美战略对话期间，双方元首共同表示要消灭阿富汗和巴基斯坦的恐怖分子避难所。这也是美国首次在印度和巴基斯坦两个盟友中有所倾斜。2010年，印美双方签署反恐合作倡议（CCI），通过技术共享、反恐实践和调查技巧等项目提升联合反恐能力，形成更加紧密有效的信息共享和反恐合作能力建设机制。2015年，美国主导的国际反恐联盟在伊叙地区向"伊斯兰国"开战，在此期间印美双方决定将关系提升为"21世纪明确的反恐伙伴关系"，双方反恐合作进一步深化。2016年，印美举行联合军演，其内容是在多山地区进行反恐和反叛乱行动演习。同年12月，美国指定印度为主要国防合作伙伴，称这将"提升美印国防贸易和技术共享的水平，印度将是美国最密切的盟友，双方将在未来持久合作"。这也是美国在国防合作中给予印度的特殊地位，展示出两国关系的进一步深化。2017年6月26日，美国总统特朗普与印度总理莫迪在白宫会晤，双方再次承诺加强在打击"基地"和"伊斯兰国"等恐怖组织方面的合作，包括情报共享和打击恐怖分子招募渠道。同时，美国表示将认定"圣战者党"领导人为恐怖分子，并首次向非北约盟国印度出售无人侦察机[1]。

---

[1] Vinay Kaura：India-US Counterterrorism Cooperation: The Way Forward, https://besacenter.org/wp-content/uploads/2017/08/555-India-US-Counterterror-Cooperation-Kaura-final.pdf.

2016 年 9 月，印度士兵和美国士兵在印度拉尼凯特参加印美联合军演。

无疑，美印反恐合作是印度双边反恐合作的重要内容，虽然双方在巴基斯坦问题上存在分歧，但随着美国印太战略的出台，美印反恐合作必将越来越重要。

四、土耳其的双边反恐合作

土耳其地跨欧亚大陆，是中东地区军事实力较强、较有影响力的国家，对中东地区反恐局势有较大影响。当前，土耳其通过与欧盟、北约、亚洲相互协作与信任措施会议（CICA）等区域机构的合作，在地区反恐中发挥影响力。

（一）土耳其与美国的反恐合作

土耳其是第一批加入北约的国家，是美国在中东的战略伙伴，也是美国维护地区稳定的重要盟友。早在 20 世纪 90 年代，土美两国就曾经在打击土耳其东南部库尔德工人党的反恐行动中开展合作，但由于造成大量人员伤亡和流离失所，受到人权方面的质疑[①]。随后，土美两国曾在伊拉克、阿富汗等地区紧密合作。在打击"伊斯兰国"战争中，土耳其允许美国和其他北约国家使用其吉尔利克空军基地，充分体现了双方军事合作的程度。2011 年，美国国土安全部部长珍妮特·纳波利塔诺访问土耳其，强调土耳其作为盟友对美国的意义，宣布要加强两国的联系，深化反恐协调合作。土耳其与美国在全球护盾行动（Global Shield）中密切合作，保障化学武器的安全合理使用。而土耳其也向美国提出一连串反恐援助需求清单，用以打击库尔德分离势力。2017 年 3 月，美国国务卿蒂勒森访问土耳其，双方重点讨论了共同打击恐怖主义和引渡定居美国的宗教人士居伦等问题。但蒂勒森只提及打击"伊斯兰国"、维护地区稳定和增进双边经济联系[②]，土美关系遭遇危机。同年 10 月 4 日，土耳其以涉嫌参加恐怖主义活动为由，逮捕美国驻伊斯坦布尔领事馆的本地雇员，而美国则以中止受理非移民签证申请予以还击。随后，土耳其宣布暂停办理美国公民非移民签证，土美矛盾日趋公开化。其间，土耳其与俄罗斯关系骤然升温，与俄罗斯、伊朗形成临时联盟，打击在叙极端组织。2018 年 2 月，美国国务卿蒂勒森再次访土，希望恢复土美互信关系，但土耳其并未买账。

---

① John Glaser: Turkey Asks for US Assistance in Counter-Terrorism, http://news.antiwar.com/2011/09/21/turkey-asks-for-us-assistance-in-counter-terrorism/.

② 秦彦洋：《美国国务卿蒂勒森访土耳其强调合作打击恐怖主义》，环球网 2017 年 3 月 31 日，http://world.huanqiu.com/hot/2017-03/10411969.html。

　　土耳其和美国反恐合作的分歧主要集中在两点：一是美国对叙利亚库尔德"民主联盟党"提供支持，视其为打击极端组织"伊斯兰国"的重要力量，但土耳其认为该党是土耳其境内反政府组织库尔德工人党在叙利亚的分支，库尔德武装的壮大对土耳其的安全存在巨大威胁；二是美国拒绝引渡在美国定居的宗教人士居伦。2016 年 7 月土耳其发生政变，总统埃尔多安指责居伦是幕后指使者，在境内大范围肃清居伦势力，然而居伦本人却在美国定居。为此，土耳其多次向美国提出引渡居伦的要求，但均被拒绝。在土耳其政府看来，库尔德武装和居伦组织是土耳其安全的最大威胁，而美国的行为危及土耳其的核心利益，也造成了土美反恐合作的最大障碍。从长远来看，土耳其与美国的盟友关系依然是可靠的，在反恐上的合作也是可行的，无奈因对恐怖主义的界定存在分歧，

2018 年 9 月 7 日，伊朗、俄罗斯和土耳其三国总统在伊朗首都德黑兰举行会晤后发表联合声明，强调叙利亚危机应通过政治途径解决，三国将继续开展合作，消灭叙境内恐怖势力。

双方反恐合作的效果将受到一定限制。

（二）土耳其与俄罗斯的反恐合作

自从 1952 年土耳其加入北约之后，对抗一直是土俄关系的主旋律。2016 年土耳其和俄罗斯关系出现逆转，两国和伊朗共同就在叙利亚联合反恐形成临时结盟，在哈萨克斯坦阿斯塔纳与叙利亚交战各方举行多方会谈，以三国为担保达成一致，在叙利亚设立 4 个"冲突降级区"，建立联合行动小组监督叙停火，有力促成了叙政府军与反对派武装之间的停火。2017 年 11 月，俄土总统在索契举行会晤，称两国的全方位关系已经恢复。2018 年 4 月，俄罗斯、土耳其和伊朗三国领导人在土耳其安卡拉举行叙利亚问题峰会，讨论叙利亚"冲突降级区"和新宪法等议题，就巩固叙利亚停火机制、确保"冲突降级区"正常运转等问题交换意见。在叙利亚的反恐合作，是俄土关系发展的重要内容，也是双方在地区和全球反恐安全合作上的共同需要。但由于双方在叙利亚的利益有明显分歧，而土耳其和以美国为首的北约又是传统盟友，双方的反恐合作未来仍存在不确定性。

（三）土耳其更广泛的双边反恐合作

多年来，土耳其与 70 多个国家缔结了双边协定，奠定了反恐合作的法律基础[1]。在打击恐怖主义、毒品贩运和有组织犯罪等领域，土耳其与其他国家缔结了 50 多项双边合作协定[2]。根据土耳其国家警察局官员提交给联合国的文件，土耳其在双边层面已经与 83 个国家签署 100

---

[1] 联合国文件：A/C.6/72/SR.3。

[2] 联合国文件：A/61/210。

份安全合作协议，举行超过 598 次双边会谈 [①]。土耳其已融入国际反恐合作大格局之中。

五、伊朗的双边反恐合作

伊朗被美国国务院认定为资助恐怖主义的国家，因核问题长期受到以美国为首的西方国家经济制裁，国内经济和社会发展乏力。但伊朗也在国际反恐合作上积极努力，缔结了若干双边安全合作协议。其最主要的双边反恐合作是与俄罗斯的反恐合作。

俄罗斯与伊朗的合作开始于 20 世纪末。1995 年 1 月，俄罗斯与伊朗签署轻水核反应堆的出售合同。同年 8 月，双方再次签署协议，由俄罗斯向伊朗核电站提供核燃料。2007 年，双方签署合同，俄罗斯向伊朗出售 S-300 防空导弹系统。双方的合作始终是在美国的反对声中进行的。2015 年，伊核协议达成，西方解除了针对伊朗的经济制裁，伊朗和俄罗斯的合作迅速发展，双方在核技术、军贸、教育、天然气管道等方面建立了战略性合作关系。2015 年 12 月，俄罗斯官员表示，俄罗斯和伊朗将扩大双方军事技术合作，俄方将向伊方提供军工产品，对伊方武器装备进行现代化更新。2016 年 2 月，俄伊签署俄方向伊方出售价值80 亿美元军工产品的协议，这也成为伊朗伊斯兰革命之后的最大军购订单 [②]。2015 年 9 月，俄罗斯、伊朗和叙利亚政府开始开展安全合作，共同应对地区内恐怖主义威胁。2017 年，俄罗斯、土耳其、伊朗三国元首

[①]　Ufuk G.YAVUZ：International Police Cooperation on Counter-Terrorism(CT) In Turkey, http://www.un.org/en/terrorism/ctitf/pdfs/central_asia_turkey.pdf.

[②]　李明伟：《俄罗斯与伊朗联合，制衡还是称霸？》，http://pit.ifeng.com/a/20170411/50918791_0.shtml。

在索契举行会谈，表态共同打击叙利亚境内"伊斯兰国"，并多次举行叙利亚问题的阿斯塔纳会谈，为解决叙利亚问题共同努力，对国际反恐行动作出重要贡献。

俄罗斯和伊朗在叙利亚的反恐合作，表明双方防务合作关系已经更上一个层次，同时也开拓了新的合作领域，例如俄罗斯巡航导弹飞越伊朗、伊朗允许俄罗斯使用其空军基地等，从而大大增强了俄罗斯在该地区的军事实力[3]。然而，俄罗斯前任驻伊朗大使亚历山大·马里亚索夫认为，俄罗斯与伊朗的伙伴关系只是战术型伙伴关系而非战略型伙伴关系。其原因有二：一是俄罗斯与伊朗对叙利亚未来的构想不同。俄罗斯期待叙利亚成为一个世俗国家，所有民族和宗教团体具有平等的权利，而伊朗希望叙利亚成为由阿萨德领导的什叶派掌权的国家，以构建其在中东地区的什叶派轴心。二是俄罗斯希望与中东地区国家保持良好关系以实现多样化的需求，而伊朗与沙特的关系持续紧张，不符合俄罗斯在中东的利益[4]。从地缘角度来看，俄罗斯和伊朗的反恐合作会在符合双方利益的条件下继续推进，这也将对中东地区反恐有所贡献。

六、沙特的双边反恐合作

沙特无论在政治上还是在经济上都是中东有影响力的大国，对地区和全球范围内的反恐合作具有重要影响力。在国际层面，沙特积极落实

---

[3] J.Hawk: Russia-Iran Strategic Partnership: View From Iran, https://southfront.org/iran-russia-strategic-partnership-view-iran/.

[4] Alexander Maryasov: Russia-Iran Relations – Russia's Former Ambassador To Tehran: Current Tactical Alliance To Counter The U.S. Is Not A Strategic Partnership, https://www.memri.org/reports/russia-iran-relations-russias-former-ambassador-tehran-current-tactical-alliance-counter.

2017 年 5 月 20 日，沙特与美国洛克希德马丁公司在沙特利雅得签署了总价值为 280 亿美元的军火协议。

联合国安理会的决议，积极参加联合国反恐机制建设，主动资助建设反恐怖主义中心，在打击恐怖组织资金链和资助恐怖主义行为、反对暴力极端主义方面提出多项倡议。在地区层面，沙特是海湾合作委员会、阿拉伯国家联盟、伊斯兰合作组织的主要成员国，在地区组织框架下开展多项反恐合作行动。在双边层面，沙特也与多国开展合作，其中最重要的是与美国的合作。

沙特一直是美国坚实的反恐伙伴，是美国在中东地区的战略支柱，双方在中东和全球范围内不断加深合作。这一伙伴关系突出表现在以下几个方面：一是美国在沙特拥有朱拜勒海军基地和宰赫兰空军基地，并且有超过 5000 人的驻军，以提高美军在西亚和北非地区的投射能力。二是双方在反恐行动上始终保持一致。沙特是美国领导的全球打击"伊斯兰国"反恐联盟的核心成员，在叙利亚和伊拉克发起的打击"伊斯兰国"行动中均有所参与。三是作为盟友，沙特与美国在军售领域合作密切，沙特通过向美国购买武器装备，增强其反恐能力。2017 年 11 月，沙特批准购买包括价值 150 亿美元的"萨德"系统在内的美国武器，并称后续将对美投资数十亿美元。2018 年 3 月沙特王储访问美国期间，双方敲定价值 125 亿美元的订单，购置飞机、导弹和护卫舰等武器装备。

迄今为止，沙特与美国的反恐合作得到双方的高度认可。2017 年 7 月，美国国务院高度赞扬沙特在海外地区为打击恐怖主义作出的努力。11 月，美国总统特朗普与沙特国王萨勒曼通电话，表示期待同沙特加强反恐合作。然而，沙特与美国在反恐问题上仍然存在巨大分歧。一是沙特的国教瓦哈比教属于伊斯兰教的激进派别，而激进思想往往是激发恐怖主义思想的宣教哲学。美国打击恐怖主义特别是去极端化和去激进化的目标，与沙特对外输出思想的目标相冲突。二是沙特与多个恐怖组织存在资金往来，干扰美国反恐行动。一名美国中情局高级官员曾表示，"沙特依然是阿富汗塔利班和巴基斯坦'虔诚军'等组织的主要支持者。一些账户表明沙特的钱甚至流向'基地'组织在叙利亚的分支——'努斯拉阵线'"①。然而，沙特依然是美国在中东战略的重要支柱，也是美国能源安全的有力保障，双方在反恐问题上的合作尤其是在中东地区的反恐实效依然值得期待。

---

① Riedel: Saudi Arabia is part of the problem and part of the solution to global jihad; Yaroslav Trofimov: To U.S. Allies, Al Qaeda Affiliate in Syria Becomes the Lesser Evil, http://www.wsj.com/articles/to-u-s-allies-al-qaeda-affiliate-in-syria-becomes-the-lesser-evil-1434022017.

七、尼日利亚的双边反恐合作

尼日利亚是非洲的资源大国、人口大国，也是非洲大陆的经济强国之一。面对非洲多元化的恐怖威胁，尼日利亚在地区、国际和双边层面不断加强合作，提高反恐能力。在地区层面，尼日利亚与同受"博科圣地"影响的周边国家，如喀麦隆、乍得、尼日尔和贝宁一起，在乍得湖流域委员会的框架内组建了多国联合特遣部队（MNJTF），在打击恐怖主义方面取得了重大进展，得到联合国安理会的赞扬[①]。同时，作为西非政府间反洗钱行动组成员之一，尼日利亚已在国内通过了相关法案，打击资助恐怖主义行为。在国际层面，尼日利亚是全球反恐论坛的创始成员之一，也是全球反恐论坛支持的反暴力极端主义（CVE）机制试点国家。在双边反恐合作层面，尼日利亚最主要的伙伴国家是美国。

尼日利亚与美国的反恐合作主要通过美国国务院的反恐和反极端主义框架内的项目实现。尼日利亚政府参与美国国务院反恐协助项目（Antiterrorism Assistance Program，ATA）、跨撒哈拉反恐合作伙伴关系项目（Trans-Sahara Counterterrorism Partnership，TSCTP），也是美国2014年提出的美国与6个非洲伙伴间安全治理倡议的成员之一。现有的项目和倡议为尼日利亚反恐提供了充足的资金、人力和技术协助，对尼日利亚政府提高应对恐怖威胁的能力发挥了重要作用。一方面美方培训尼日利亚警察，提高他们应对爆炸事件、预防针对软目标袭击和开展反恐金融调查的能力；另一方面尼日利亚政府也与美国联邦调查局合作，调查具体的恐袭事件，并且向联邦调查局恐怖装置分析中心提供爆炸装置样本以供研究，提高破案能力。由美国国务院、国防部和联邦调

---

① 联合国文件：A/C.6/72/SR.4。

查局的人员组成的跨学科协助小组（Interdisciplinary Assistance Team，IDAT）与尼日利亚国防情报机构密切合作，通过密切的军事接触，更详细地了解尼日利亚的军事能力。在美国的帮助下，尼日利亚安全部队的情报、侦察、应急处突能力都有所提升，在与"博科圣地"的较量中逐渐占据优势。

第三章

国际反恐合作的困境与症结

　　半个多世纪以来，在联合国的大力推动下，国际社会对恐怖主义问题的认知和应对能力均有所增强，在政治、经济、法律、金融、情报、技术、宣传等领域的反恐合作均有所提升，为彻底铲除恐怖主义奠定了基础。然而，当前框架下的反恐斗争并未对国际恐怖主义肆虐实现有效控制，全球社会资源和人力的巨大投入与反恐实际收效形成巨大反差，直接映射出国际反恐合作所面临的困境。这一困境的形成，除恐怖势力自身因素外，更是由于国际反恐各主体在认知基础、立场站位、观察视角、政治诉求、利益追逐等方面的分歧。各反恐主体间分歧与矛盾的不断暴露和难以调和，在不同阶段表现出不同特点，联合国主导的国际反恐合作面临的困境就是这些问题的缩影。长期以来，国际反恐合作的主要症结并未得到真正解决，这使国际反恐未来走向充满不确定因素。

第一节
国际反恐合作发展阶段与困境

国际反恐合作最初开始于国际联盟（简称"国联"）时期。随着不同时期国际恐怖主义发展形态和国际形势的变化，国际反恐合作呈现出不同的发展阶段，并突出地表现在联合国积极构建的反恐合作协商之中。联合国会员国就国际反恐问题在不同阶段的表态和行动，部分折射出国际反恐合作不同发展阶段所面临的问题与困境。

一、国联至冷战前期国际反恐合作的发展与困境

国联至冷战前期，波及全球的第二次世界大战是影响国际反恐合作的最主要障碍。战争给世界造成前所未有的破坏和灾难，人类文明受到极大挑战，恐怖主义行为的残暴性被战争的残酷所掩盖，甚至被战争所利用。

这一时期国际社会疲于应对战争危机，反恐合作的意愿相应较弱。值得关注的是，二战爆发之前，国际联盟曾组织多个会员国于1937年11月16日在日内瓦签订《防止和惩治恐怖主义公约》，作为对1934年10月9

日南斯拉夫国王在法国遇刺身亡的回应。这是国际联盟首次尝试以法律的形式对恐怖主义行为下定义并且予以约束，率先确立对恐怖主义的普遍管辖权，提出"或引渡或起诉"的原则，要求在全球范围内形成反恐怖主义的情报交流机制，这对如今仍旧有借鉴意义[①]。

然而，《防止和惩治恐怖主义公约》最终并未生效。一方面是由于在第二次世界大战爆发前夕，各国无暇顾及该公约的批准手续；另一方面，该公约对恐怖主义的定义在成员国中引发了分歧。公约第一条第二款指出，"本公约'恐怖行为'一词是指直接反对一个国家，而其目的和性质是在个别人士、个人团体或公众中制造恐怖的犯罪行为"。公约第二条定义恐怖行为如下：（1）故意危害下列人士生命、身体、健康或自由的行为：a.国家元首、执行国家元首特权的人士、其法定继承人或指定继承人；b.上述人士的配偶；c.担任公职或负有公共任务的人士，如恐怖行为适在针对此等人士的公职或任务；（2）故意毁灭或损害属于或在另一缔约国管辖下的公共财产或供公用的财产；（3）故意通过共同危险的造成，来危害生命的行为；（4）构成本条上列犯罪的任何企图；（5）制造、获得、扣留或供给武器、军火、爆炸品或毒物，其目的在于否认在任何国家构成本条所指的犯罪[②]。

这是第一次对"恐怖主义"所作的定义和范围划定，有助于在国际范围内开展协调一致的行动，打击恐怖主义。但该公约仅仅强调对国家元首、公职人员的保护，没有提及对普通无辜民众伤害的恐怖主义，存在很大的局限性和片面性。

---

① 闵剑：《评＜防止和惩治恐怖主义公约＞》，《江苏警官学院学报》2005 年第 20 卷第 6 期，130—133 页。

② 任筱锋、郑宏、梁巍：《国际反对恐怖主义公约汇编》，北京：世界知识出版社，2015 年。

二、冷战时期国际反恐合作的发展与困境

第二次世界大战结束后，世界秩序重新建立，以"维护世界和平与安全"为宗旨的联合国成立，国际社会希望重新回归和平状态。截至冷战结束，联合国共主持出台 10 项反恐公约，通过 11 份联合国大会反恐决议和 6 份安理会反恐决议，逐渐搭建起国际反恐合作的架构。然而，冷战期间美苏争霸和北约、华约两大集团长期对抗的局势，给国际反恐合作带来巨大阻碍。

（一）恐怖主义定义困境初现

在国际恐怖主义与反恐问题研究中，"恐怖主义"是一个最基本的概念，也是研究体系的逻辑起点。在国际反恐合作领域，对恐怖主义下一个可被广泛认可的定义，使反恐行动、反恐合作有具体的打击对象，是国际反恐的迫切要求。联合国从 20 世纪 70 年代起就有意通过研究原因、给定定义、制定举措几个阶段，达到消灭恐怖主义的目的。

冷战期间，旧的殖民体系瓦解，民族解放运动不断兴起，恐怖主义的定义问题成为老牌殖民帝国与新兴民族解放独立国家的斗争焦点之一。问题主要集中在以下几个方面：一是各民族解放运动在为自决而战斗时应不应受限制，即需要厘清"民族解放运动"与恐怖主义的区别；二是在查明并消除恐怖主义的原因之前，是否无法采取任何对抗国际恐怖主义的有效行动；三是国家能否被认定为恐怖主义的主体，"国家恐怖主义"是否也应受到约束。对这些问题，经过长期辩论之后，联合国特设委员会成员依旧无法达成一致。

联合国在民族解放运动与恐怖主义的区分问题上立场鲜明，在多次决议中严正申明，"所有处于殖民政权和种族主义政权以及其他形式的外国统治下的人民享有自决和独立的不可剥夺的权利，他们符合《联合国宪章》

的宗旨和原则以及联合国各机构的有关决议的斗争，尤其是民族解放运动的斗争，都是合法的"①，这为定义分歧勾画出一个清晰可见的评判标准。然而在这一问题上双方斗争始终激烈。

（二）美苏对峙，联合国反恐难聚合力

《联合国宪章》规定，联合国应"维持国际和平及安全，采取有效集体办法，以防止且消除对于和平之威胁，制止侵略行为或其他和平之破坏。并以和平方法且依正义及国际法之原则，调整或解决足以破坏和平之国际争端或情势"。联合国本应是维持国际和平及安全的使者，是维护正义和国际法的公正法官，在国际反恐中本应一视同仁地对待恐怖主义给所有国家带来的苦难，主持和平与正义之公道。

然而，冷战期间，美苏持续对抗，联合国对反恐合作的领导作用难以实行，国际反恐合作的号召力、执行力明显不足，其框架下的各项反恐机制建设多停留在理想中的设计状态。近半个世纪的冷战期间，安理会仅断续出台 6 份反恐决议，联合国仅出台 11 份决议，与其本应承担的国际责任存在巨大差距。

联合国安理会通过的决议大多与涉及或针对美、苏的恐怖袭击有关，而针对其他国家和人员的恐怖袭击并未得到应有的国际关注。1972 年的慕尼黑惨案、1979 年沙特大清真寺袭击案、1985 年埃及劫机惨案等人员伤亡较大的恐袭事件，以及 1973 年西班牙首相遇袭、1984 年印度总理遇刺等国家元首遭遇恐怖袭击的案件，却很少看到有安理会的决议出台。

联合国的反恐受到美、苏两个大国的左右，并未在各会员国之中实现平等，其权威性受到质疑，制约了联合国发挥应有的作用。

---

① 联合国文件：A/RES/3034 至 A/RES/40/61。

美国东部时间2001年9月11日上午，恐怖分子劫持4架民航客机，撞击美国纽约世界贸易中心（双子塔）和华盛顿五角大楼。"9·11"事件对世界格局造成了巨大影响。

（三）美国对"圣战"分子的利用埋下巨大隐患

1979年苏联入侵阿富汗，以美国为首的国家不惜利用恐怖组织和极端组织在阿富汗与苏联对抗，削弱苏联实力。1986年，当时的中央情报局负责人威廉·卡塞提出在阿富汗支持反苏势力的三种方式：第一，在国会许可下，向其提供包括FIM-92毒刺导弹在内的大量美制武器；第二，美国军事顾问参与到抗苏"圣战"中，向阿富汗人传授游击战技巧；第三，也是影响最为深远的，从全世界招募"圣战"分子，经训练后参与抗苏战争。

美国的这一举动，促成1982—1992年的10年间，超过3.5万名极端分子离开家乡赴阿富汗受训，还有几万名极端分子来到巴阿边境。巴基斯坦不仅为到来的极端分子发放签证、提供食宿，还向其提供军事训练课程，成为极端主义的"大学课堂"。在世界范围内，超过10万名极端分子和巴基斯坦、阿富汗战争搭上了关系。[①]萨缪尔·亨廷顿认为，这次战争让各种伊斯兰极端势力结合到一起，武装分子在训练、后勤、武器装备等方面都迅速发展，更重要的是他们在战争中取得了自信[②]。

美国等国在冷战期间对阿富汗抗苏"圣战"团体的扶持，促使宗教极端势力在全球迅速发展，并在阿富汗战争结束后向多个国家溢出。直到1993年，美国训练出来的阿富汗武装分子袭击纽约世贸中心，造成6人死亡、1000多人受伤，美国才惊讶地发现这一行动的严重后果，其后又在"9·11"事件中得到最惨痛的教训。

三、冷战结束至"9·11"事件期间国际反恐合作的发展与困境

冷战结束后，两极对峙阴霾消散，但这并未给国际反恐带来新的利好。进入20世纪90年代，苏联解体、东欧剧变引发的国际局势动荡，使得原本掩盖在两极体系下的各种民族、宗教矛盾急剧涌现，国际恐怖活动进入高发期。联合国再次提请将制定恐怖主义的全面公约事宜提上议程。1994年，联合国提请会员国重启《全面反恐公约》制定工作。1996年12月17日，联合国大会通过第51/210号决议，决定成立51/210特设委员会，负责拟定制止恐怖主义爆炸事件的国际公约、制止核恐怖主义行为的国际公约，并研究如何进一步发展一个对付国际恐怖主义的综合性公约法律框架。1999年，联合国大会通过第54/110号决议，决定在继续推进核反恐公约的同时，于2000年2月启动《全面反恐公约》制定工作。其间，联合国连续出台多

[①] 艾哈迈德·拉希德：《塔利班：宗教极端主义在阿富汗及其周边地区》，钟鹰翔译，重庆：重庆出版社，2015年，131页。

[②] 同上，132页。

份"消除国际恐怖主义的措施"的决议,要求秘书长就国际恐怖主义的各个方面以及如何予以制止的方法和途径向各会员国征求意见。相较此前,联合国推动国际反恐合作更具行动力,可见其致力于统一全球反恐行动的态度和意愿十分坚定。然而,此阶段国际反恐合作依旧存在问题。

(一)恐怖主义定义再次引发以美国为首的西方国家与发展中国家的分歧

联合国重新启动《全面反恐公约》的谈判,又一次在以美国为首的西方国家和发展中国家之间引起普遍争论。

美国始终坚持应剥离恐怖主义概念与国家之间的必然联系,这一观点在其内政外交中都有所体现。时任美国国务卿约翰·凯利曾公开表态,"恐怖主义是由次国家集团或者秘密社会力量实施的,与国家无关[1]"。这一观点可以在美国从1995年开始编制的《全球恐怖主义形势》中得到印证。

然而,广大发展中国家强烈要求联合国严惩国家恐怖主义行径,并客观对待民族解放运动及其所含武装暴力手段使用。伊斯兰首脑会议明确表示,"国际社会应将恐怖主义与人民反对殖民统治、外部控制和外国占领的斗争以及争取自决权的斗争区别开来[2]";阿拉伯联盟部长会议进一步重申"目标在于解放与自决的交战行为不属于恐怖主义[3]"。发展中国家强调,由于自决权在国际法中已经跃升到绝对法地位,联合国更应据此为民族解放运动提供合法保护。如果联合国仅支持强者对于弱者的权力,支持已确立实体对于斗争者的权力,支持发达国家对于落后国家的压榨,那么联合

---

① 刘恩照:《国际恐怖主义》,北京:世界知识出版社,2006年,14页。

② 朱素梅:《二十世纪的民族主义与恐怖主义》,《世界民族》2000年第3期,20—25页。

③ 王逸舟:《恐怖主义溯源》,北京:社会科学文献出版社,2002年,18—20页。

国就会成为霸权主义的维护者，失去其公正平等的职责[①]。

（二）联合国受霸权影响，难以得到广大国家的认同

冷战后的联合国逐渐进入世界反恐中心视野，遵循各国共同愿景积极履行反恐责任，领导力和协调推进力有所增强。

然而，此时的国际社会处于美国的超级霸权之下，联合国在国际反恐的关键环节仍难以摆脱美国的影响和利用，难以代表国际社会特别是弱势国家群体的普遍诉求。1992年至2001年之间，联合国安理会出台的10份反恐决议，无一例外服务于美国及其盟友恐怖"受害者"遭遇，惩治对象主要集中在利比亚卡扎菲政权、阿富汗塔利班政权和"基地"组织等反美力量上。美国对伊斯兰国家内部事务的肆意干涉，使得这些带有明显"美国属性"的决议难以得到地区国家的普遍认同，缺乏执行基础。

联合国未能有效扭转国际反恐合作低谷徘徊现象，对这一时期滋生恐怖主义的根源问题未及时提出解决办法，为日后恐怖主义国际化蔓延趋势及分裂势力、极端势力的迅速崛起埋下隐患。

四、"9·11"事件后国际反恐合作的发展与困境

"9·11"恐怖袭击所造成的灾难性后果，使得联合国一度获得国际反恐凝聚力，各国对联合国领导的国际反恐合作热情迅速高涨。联合国安理会于2001年9月28日通过第1373（2001）号决议，对各国应对国际恐怖主义的义务作出全面约束并予以监督。决议出台后，160个国家向联合国提交依决议而采取的相关反恐措施，167个国家采取行动冻结涉恐资金0.779

---

① 同上，18页。

亿美元[1]，国际反恐公约缔结国数量迅速上升且再没有任何国家既没有签署也没有加入至少其中一项反恐公约。

同时，美国作为"9·11"事件的受害者，迅速站在国际反恐的道义制高点，各国对美国经安理会"单独或集体自卫"授权所进行的反恐军事打击采取积极配合态度，136个国家表示愿意提供一系列军事援助；89个国家给予美军用飞机飞越领空权；76个国家给予美军用飞机着陆权；23个国家同意接纳在阿富汗参加军事行动的美军和联盟军队[2]。

各国均对美反恐战争提供不同程度的支持和声援，极大地促进了基于联合国安理会决议前提且由联合国主导的国际反恐联盟的形成。面对国际社会尽快出台《全面反恐公约》的强烈呼声，联合国将定义界定纳入公约框架内，寻求一并解决。为此，联合国授权51/210委员会全面负责此项事务，并且要求安理会反恐委员会和联大第六委员会积极配合。联合国领导下的国际反恐看似进入新的蓬勃发展期。然而，近20年过去了，"9·11"事件带来的全球一致反恐形势出现了新的变化，在反恐合作上也出现了新的问题。

（一）全球反恐共识不断遭受冲击

全球反恐共识在这一阶段出现两次波峰，一次是在"9·11"事件之后，另一次则是2014年极端组织"伊斯兰国"在中东肆虐之时。然而，虽然两次全球性危机加强了各国对反恐的认知，但难得形成的政治共识却一再被打破。

"9·11"事件后，美国发动长达10年的反恐战争，出台"先发制人"战略，冲击联合国反恐主导地位，形成以美国强大军事反恐能力为基础的

---

① Anna Cornelia Beyer: Counterterrorism and International Power Relations: The EU, ASEAN and Hegemonic Global Governance, London: I.B.Tauris Publishers, P149.

② 中国现代国际关系研究院美欧研究中心：《反恐背景下的美国全球战略》，北京：时事出版社，2004年，116页。

2014 年 9 月，美国牵头成立打击"伊斯兰国"国际联盟。图为 2016 年 2 月，打击 "伊斯兰国"国际联盟部长级会议在意大利首都罗马举行。

全球霸权优势。阿富汗战争之后，美国绕过联合国安理会，以伊拉克拥有大规模杀伤性武器为由，以北约名义悍然发动伊拉克战争。事后，美国和英国才致信安理会主席，告知其保护伊拉克石油、重建伊拉克政府的目标。安理会也并未对这场战争发文谴责，之后发布第 1483（2003）号决议确认伊拉克解除武装，号召对伊拉克进行人道主义援助。伊拉克是否存在大规模杀伤性武器直至今日也未得到肯定结论，美国悍然侵犯他国主权的行为招致多国反对，联合国对美国行为的无能为力则令国际社会质疑联合国的公正地位，国际反恐合作的第一次高潮受挫。

2014 年，"基地"组织伊拉克分支宣布成立"伊斯兰国"，在伊拉克和叙利亚境内"攻城略地"。"伊斯兰国"头目巴格达迪发表声明，宣称要在横跨叙伊边境的广大区域建立伊斯兰教法国家。在"伊斯兰国"号召下，中东、南亚、东南亚、北非等多个组织宣誓效忠，"独狼式"恐怖袭击在欧洲腹地频发，对国际社会造成巨大威胁，国际反恐合作热情再度高涨。2015年11月，安理会第2249（2015）号决议将"伊斯兰国"认定为恐怖组织，联合国也针对其宣教模式，积极开展《防止暴力极端主义行动计划》，得到各国普遍支持。

2014年9月，美国牵头成立打击"伊斯兰国"国际联盟，包括68个成员国，对"伊斯兰国"在叙利亚和伊拉克的占领区实施空袭。2015年12月，沙特也宣布组建伊斯兰反恐军事联盟，包含以沙特为首的34个国家。然而，随着2016年底"伊斯兰国"遭到重创，重要据点不断失守，2017年底伊朗、伊拉克宣布"伊斯兰国"被消灭，碎片化的中东政治风云再起。原有的民族、宗教和教派等固有矛盾并未消失，多年的战争导致实力对比发生变化，中东各国以及域外的美国、俄罗斯等大国的博弈再次使得国际反恐共识出现分歧。各国争论点又重新回到恐怖主义定义、"双重标准"、国家恐怖主义等问题上来，国际反恐合作似乎再次回到原点。

（二）制定《全面反恐公约》持续受阻

"9·11"事件后，在国际反恐合作良好势头影响下，美国开始在《全面反恐公约》非核心问题上采取妥协态度。例如，在有关"全面反恐公约与部门公约关系"争议问题上，美国同意《全面反恐公约》较之其他部门公约的优先政治位置，并允诺将其视为从联合国层面对各种国际恐怖主义行为进行全面调整的整体方案①。然而，美国和发展中国家就公约中"恐怖主义定义"和"公约适用范围"产生争议，并且在伊拉克战争后对立加剧。此后两年时间内，公约制定陷入各方多于陈述观点、据理力争，少于凝聚

---

① 联合国文件：A/57/37。

2005 年 4 月 13 日，第 59 届联合国大会一致通过《制止核恐怖主义行为国际公约》，对核恐怖行为的定义作出了界定，并要求各国政府立即采取立法等措施打击核恐怖行为。这是联合国制定并批准的第 13 项国际反恐公约。

共识的尴尬局面。

在联合国反恐特委会 2003 年至 2004 年报告中，公约协调员明确表示，"各国围绕国家恐怖主义和民族解放运动等问题的争议，延误了公约制定时机"①。2005 年 4 月 13 日，联合国大会第 59/290 号决议通过《制止核恐怖主义行为国际公约》，国际社会再次把目光集中到《全面反恐公约》制定上来。7 月 7 日，英国伦敦发生连环爆炸案，恐怖活动的巨大威胁促使各国对打击恐怖主义及制定《全面反恐公约》采取更为积极主动的态度。9 月 16 日，联合国紧抓国际反恐共识凝聚机遇，推动通过《世界首脑会议成果文件》，

---

① 联合国文件：A/58/37、A/59/37。

要求"在联大第 60 届会议期间缔结一项关于恐怖主义的全面公约"①，这意味着公约完结时间为该年年底前。基于此，联合国采取大量行动，积极搭建各种形式的正式与非正式磋商平台，以期对立各方加深了解、消除隔阂。同时，特委会作为公约制定的具体执行者，也极力避免公约继续陷入政治语境纠缠，进一步解读公约制定的价值并不是"形成一项关于恐怖主义的政治性文件"，而是"成为一个法律精确、方便警察和司法部门在引渡和相互协助问题上进行合作的技术性文书"②，其工作方向随之发生调整。

在 2007 年至 2008 年特委会召开的会议中，各方凝聚的热情逐渐减退并显露出疲态，不再对公约未决问题提出新的解决建议，而是围绕一般条款的表述性文字拟出象征性提案。《全面反恐公约》的制定再度遭遇瓶颈③。2009 年，美国总统奥巴马提出将反恐中心东移的"阿巴新战略"，随后大量使用无人机、特种部队开展定点清除，击毙"基地"组织头目本·拉登。然而，无人机带来的平民伤亡引发国际社会对其合法性的新一轮争论，国际反恐阵线分裂更加公开化。虽然联合国一再呼吁各国认真对待日益严峻的恐怖形势，着力加强对话、消除分歧，并持续要求 51/210 委员会尽快拟定公约，但却无法避免公约的主要问题——恐怖主义定义问题和公约适用范围问题——又重新回到原点。

（三）人权保护问题对国际反恐合作的影响

2004 年，伊拉克阿布格莱布监狱虐囚事件逐渐浮出水面，美军对伊拉克、阿富汗囚犯的非人折磨，使得美国主导的全球反恐行动的正义性大打折扣。

---

① 联合国文件：A/RES/60/1。
② 联合国文件：A/60/37。
③ 联合国文件：A/61/37。

布朗大学发布的《战争的代价》报告显示，阿富汗战争造成 2.627 万平民被杀，2.99 万人受伤。无辜平民的伤亡不仅促使世人重新审视反恐联军的形象，也极大地刺激了伊斯兰国家和民众的脆弱心理，降低了反恐合作的热情。联合国特委会报告称，"反恐斗争的根本基础是确保尊重人权和法治，在开展反恐行动时，没有适当考虑到无辜平民的权利，在某些情况下，甚至因为政治原因将平民作为打击目标。"[①]自此，人权问题成为国际反恐新的议题。

---

① 联合国文件：A/70/PV.109。

第二节
国际反恐合作的主要症结

国际反恐合作在不同时期表现出不同的特点。诚然，以联合国为代表的国际反恐合作在过去 50 多年中取得长足进展，可以说世界各国从未像今天这样如此深刻地认识恐怖主义危害性并开展全球性反恐合作。但直至今天，国际社会依然无法有力遏制恐怖主义肆虐蔓延之势，"越反越恐"反而成为一种新的常态现象："独狼式"恐怖袭击对西方崇尚自由和民主的价值观体系带来冲击；暴力极端组织层出不穷，恐怖分子剿而不灭。在联合国层面，国际社会公认的《全面反恐公约》尚未达成，国际反恐成效不彰。从表面上看，这种困境是联合国号召力不足、执行力偏弱导致的，但这从更深层次来看，国际反恐合作有其自身的历史与现实制约因素。

一、国际反恐合作困境的主要症结

国际反恐合作历时半个多世纪，联合国长期致力于对国际恐怖主义问题的综合治理，联合国框架下反恐合作各项机制建设已达到前所未有的高度。一方面，联合国及相关政府间组织主持制定多项国际反恐公约，配合安理会通过相关反恐决议，使各国在具体的反恐实战中有法可依、有据可循；另一方面，联合国构建消除恐怖主义的"四大支柱"，对国际反恐各方力量未来的合作方向进行有机统一。然而，国际反恐合作却始终无法抵挡国际恐怖势力的反弹，甚至无法调和内部分歧。各国反恐投入越来越大，结果却不尽如人意，收效甚微。在不同阶段反恐合作困境表现的背后，有共同的因素在起作用。

（一）国际反恐合作进展不利

"伊斯兰国"肆虐，国际恐怖主义跨区域串联趋势更加明显，中东、北非、北高加索、东南亚等地恐怖组织纷纷宣誓向"伊斯兰国"效忠，甚至来自美国、欧洲等地的宗教极端分子也不断奔赴伊叙战场或就地"圣战"。据联合国"基地"组织/塔利班监测组织估计，来自80多个会员国的13000多人加入"伊斯兰国"和"支持阵线"[①]。国际恐怖活动所依赖的资金、武器、人员等要素跨境流动，加快了恐怖主义国际化步伐。这些问题任何一国都无法凭借一己之力独自解决，而需要在联合国领导下开展全面的行动，这在安理会各项决议中已有所体现。

尽管在国际"大反恐"态势下，各国普遍看到合作的美好前景，但由于国际政治局势复杂多变，各国往往依据自身"位置"来选择"合作"。"9·11"事件初期，世界各国反恐合作热情普遍高涨，大都因恐怖主义灾难性结果的巨大震撼和国际压力驱使。然而，随着2003年后美国各项反恐配套政策的强势出台，各国对美国的道义正当性和强制干预主权国家的行为产生防范警惕思想。即使一些国家为消除周边不利因素影响

---

① 联合国文件：S/PV.7272。

或实现传统地缘利益诉求，积极充当美"马前卒"角色，也会导致周边国家对区域性问题共同协商的信任危机。这使得"9·11"事件后迅速发展起来的国际反恐合作良好态势未能有效延续，不少国家在执行联合国决议时也往往大打折扣。

1. 查封和冻结恐怖资产

一些国家的金融部门、离岸银行和相关公司机构，由于担心商业机密泄露对国家战略投资产生不利影响，在联合国后续发起的恐怖资产冻结行动中始终保持低调处理或拒绝接受态度[1]。

2. 打击恐怖势力

以联合国为主导的国际社会志在清除恐怖势力，最为极端的方式是

2014年8月，美国开始对伊拉克境内"伊斯兰国"目标实施空袭，并于当年9月把空袭范围扩大至叙利亚境内。图为空袭行动下硝烟弥漫的叙利亚城镇科巴尼。

---

[1]　李伟、杨明杰等：《国际反恐的困境与启示》，《现代国际关系》2004年第2期，50页。

使用军事手段。然而反恐的军事合作却很可能成为"引狼入室""惹火烧身"的跳板，这使得一些国家对大国发起的联合行动心存芥蒂。2014年9月，安理会通过第2178（2014）号决议，严厉打击外国恐怖主义参战人员造成的威胁，要求成员国采取相应措施。2014年9月10日，美国宣布组建打击"伊斯兰国"联军，来自欧洲、亚洲、非洲、美洲、中东的75个国家参加此次行动，然而多国却也因此成为恐怖袭击的目标。

3. 司法引渡和审判恐怖分子

对恐怖分子的"或起诉或引渡"是自国联时期开始就设立的一项有效原则，一直沿用至今。因各国认知判定不同，致使司法引渡在国际反恐合作中始终难以有效开展。此外，不少国家也会在一定程度上为了防范别国借由司法审判掌握自己在情报收集、侦察监控、秘密围捕等方面的行事方法，泄露本国国家安全核心机密，因而拒绝提供司法合作。例如，2006年发生在英国的首例针对前克格勃人员的"核暗杀"事件，引发英俄之间"卢戈沃伊引渡案"[①]，暴露出两个《制止核恐怖主义行为公约》和《欧洲引渡条约》缔约国之间，在条约规定范围内依然无法实现对可能的核恐怖主义行为调查开展司法配合的问题。英国要求引渡嫌犯，而俄罗斯要求在国内调查起诉，双方的做法均符合公约和国内法的要求，案件处理最终以两国互相驱逐外交官落幕。又如，1994年，阿根廷犹太人互助会总部被炸，阿根廷要求起诉居住在德黑兰的8名伊朗公民，阿伊两国分别于2007年和2012年就此问题举行元首级磋商，直至2013年才达成一项谅解备忘录，建立两国间的司法合作[②]。国际反恐司法合作难以成行或要经历漫长的周期，引发了国际社会对于联大公约执

---

① 蒋娜：《国际反恐合作与不引渡问题探析——以首例"核暗杀"事件嫌疑犯的引渡案为切入点》，《现代法学》，2009年第31卷第4期，131页。

② 联合国文件：S/PV.7272。

行效力的质疑。

（二）国际反恐合作未能治理产生恐怖主义的根源

从根本上讲，恐怖主义的滋生和蔓延是一国和国际范围内政治经济发展不平衡的产物[①]。联合国第一次关于恐怖主义根源的研讨就已经确定恐怖主义产生的根源为"贫穷和无望；殖民主义；侵略；破坏政治独立、国家主权和领土完整；境外干涉其他国家；种族主义；涉及大规模公然侵犯人权；涉及外国占领的局势"等。总的来看，其背后深层次的社会动因，往往源于时代变革背景下南北资源分配的巨大差异，以及霸权国家强势干涉介入所引发的动荡不安。从以下三方面分析可以看出，恐怖主义根源的治理并非易事。

1. "以暴制暴"模式无法消除恐怖主义

联合国一贯坚持"军事手段只是国际反恐中一个很小的组成部分"[②]，坚持慎用武力原则，号召国际社会避免因"不负责任"的打击政策造成一定区域范围内的更加对立动荡。然而，以美国为首的西方大国却一再表示产生恐怖主义的根源是"制度衰败"，并宣称为了防止这些因素使"弱小国家被境内恐怖主义网络所利用"，应将民主价值观推行到全球范围内，其最主要的手段就是军事行动和颜色革命。为实现对当地政权的民主改造，美国相继发动阿富汗战争、伊拉克战争，集结多国联军对伊拉克、叙利亚境内的极端组织实施军事打击，使得《联合国宪章》第51条有关国家自卫的国际准则变成一纸空文。用军事手段打击恐怖主义巢穴，不仅无助于恐怖主义的最终消亡，反而激发了有关地

---

① 李伟、杨明杰等：《国际反恐的困境与启示》，《现代国际关系》2004年第2期，54页。

② 顾震球：《国际反恐：联合国发挥独特优势》，《瞭望》2001年第44期，62页。

区民众的不满情绪和对软弱、亲美政权的仇视心理，间接助长普遍反抗意识甚至道德观念上"失准"表现[1]，使这些地区成为恐怖主义新的长久策源地。同时，军事行动从外部对恐怖分子构成了认同[2]，将他们塑造为与"侵略者"或"外国占领者"对抗的"民族英雄"，增强了他们对其他激进分子的号召力。

2.技术反恐无法根除恐怖主义

各国在反恐方面的政治分歧难以弥合，联合国不断努力寻找共同点引导政治合作。然而，以美国为首的西方国家始终坚持"召开国际会议和为恐怖主义行为下定义无法达到防止恐怖主义的目的"，"不可能取得真正进展，反而会混淆当前规则"[3]，将联合国反恐的努力限制在打击恐怖主义的技术性反恐层面，例如，如何应对恐怖分子使用简易爆炸装置构成的威胁，如何防止恐怖分子获取放射源或大规模杀伤性武器，如何对非法劫持航空器的恐怖行为予以惩治等。技术层面的国际反恐合作具有一定的现实意义和可操作性，但对于从根本上解决国际恐怖主义问题却很难有所助益。恐怖主义的定义是国际反恐合作政治认同的起点，也是解决恐怖主义产生的政治根源问题的重要内容，但50多年间却一再退回到起点，无法达成共识，为国际反恐合作带来极大的障碍。

3.经济发展不平衡加剧恐怖主义

根据联合国经济和社会事务部发布的《2018年世界经济形势与展望》报告，2017年以来全球经济持续增长，达到2011年以来全球经济的最高增速，联合国对2018年和2019年全球经济增长率预期持续走高。然而，

---

① 王逸舟：《国际恐怖主义溯源》，北京：社会科学文献出版社，2002年，86页。

② 杨洁勉等：《国际反恐合作：超越地缘政治的思考》，北京：时事出版社，2003年，69页。

③ 联合国文件：A/49/150。

经济增长在各个地区和经济体之间的分布十分不均衡，在安全形势动荡的非洲和南亚地区，经济增长率为负数，通胀率却高居不下，北非地区通货膨胀率较2016年增长了9.2%，达到17.6%①。世界银行发布的《2018年营商环境报告》中，索马里、也门、南苏丹等饱受恐袭威胁的地区排名在倒数五名之内。随着全球经济一体化进程不断深化，各国之间的贫富差距越来越大，而恐怖主义集中地区营商环境恶劣、经济发展乏力、民众生活水平较低，也反向促进了恐怖主义在这些地区的发展。

（三）联合国主导乏力

中国始终坚持联合国在国际反恐合作中的主导地位，认为联合国应本着客观公正的理念统筹国际反恐工作。然而，联合国由于其组成结构的特殊性和经济来源的局限性，受大国影响成分较大，缺乏主导国际反恐合作的"硬实力"。2003年美国未经安理会授权发动对伊拉克的战争，就是对联合国地位的严重挑战。美国前国防委员会主席理查德·珀尔曾将联合国比作"由一大批令人讨厌的政权组成的虚弱机构"，鼓动国内保守势力对"联合国是武力合法的唯一来源"的观点提出质疑②。美国进攻性现实主义代表人物米尔斯海默甚至鼓吹"联合国无用论"的观点。

1. 联合国促进国际反恐合作受制于有限资源

联合国主要的经费和预算来源是会员国缴纳的会费，用于维持联合国机构正常运转所需要的经常性开支。截至2017年6月30日，联合国在世界各地共开展16项维和行动，维和人员112303人；承担特别政

---

① 联合国经济和社会事务理事会：《2018年世界经济形势及展望》，https://www.un.org/development/desa/dpad/wp-content/uploads/sites/45/publication/WESP2018_Full_Web-1.pdf。

② Richard Perle: Is the UN the Only Institution that Can Legitimize Force, New Perspectives Quarterly Volume 20, Issue 1 , 2003, P69-70.

治任务 36 个，涉及文职人员、军事警卫和观察员等 8000 多人。2018—2019 年，联合国大会共通过预算批款约 53.97 亿美元，其中用于预防犯罪与恐怖主义的经费合计 3.97 亿美元，与 2016—2017 年、2014—2015 年相比减少约 1%[①]。联合国提出的"全球反恐战略"四大支柱需要齐头并进，相比之下其可调配的人力、财力却显得尤为不足。据美国《防务新闻》报道，自"9·11"事件以来，美国在 2002—2017 年的 15 年间，反恐开支约为 2.8 万亿美元。美国 2018 财年基本国防预算中主要用于反恐的海外应急行动经费也高达 646 亿美元。相比之下，联合国 3.97 亿美元的反恐经费显得微不足道。

美国作为联合国会费缴纳第一大国，意图以削减联合国经费预算作为威胁，谋求联合国的政治支持。2017 年 12 月 24 日，美国驻联合国代表团发表声明，称在 2018 年美国将至少削减 2.85 亿美元联合国经费预算，并强调"要让联合国认识到美国人民的慷慨是不能被利用的"。而联合国大会在当天通过 A/RES/72/261 号决议，对 2018—2019 两年期方案预算中的行政经费部分予以削减，要求秘书长"确保凡有新提案要求增加资源时，尽力利用现有资源满足新需求"。经济上的不独立和相对短缺，严重影响了联合国在国际反恐合作中的领导地位。前任联合国大使大卫·汉内曾称，"联合国作用失败"的观点来自"当成员国希望联合国在无数崭新的领域，如维和、环境、卫生、刑事公正等等承担起更多的职责时，却从未停下来思考如何给予联合国所需要的人力和财力的支持，以便使联合国机构有效地应对这些问题"，"特别是当发达国家在 90 年代后享受冷战结束的'和平红利'时，它们几乎没有想过如何将'和平红利'转化为足够的资金，以支持多边和平行动或重建国际多国部队来从事国

---

① 联合国文件：A/72/6。

2018 年 4 月 14 日，联合国安理会未能通过由俄罗斯起草的旨在谴责对叙利亚进行军事打击的决议草案。

际维和行动。"^① 当资源有限时，联合国绘制的全球反恐蓝图与最终的落实结果必然存在差异，对国际反恐合作的领导力也会受到相应影响。

2. 安理会自身体制使其在推动国际反恐合作上有局限性

联合国安理会对维持国际和平与稳定具有至关重要的作用，是国际反恐工作的关键机构之一。由于安理会享有《联合国宪章》第七章规定的制裁权，所以安理会决议对于强制各国推行反恐合作有着特殊意义。安理会创始之初设立五大常任理事国，目的就是以大国一致原则为基础，通过大国协调一致，达到共同维持国际和平与稳定的目标。五大常任理事国在安理会的决策中占据特殊地位，不仅能用实力保障安理会决议的切实履行，还可以动用否决权对提案予以否决。安理会这一决策体制本

---

① 陈东晓：《全球安全治理与联合国安全机制改革》，北京：时事出版社，2012 年。

是为了确保安理会的决定能够得到有效执行，然而在冷战期间，美国和苏联频繁动用否决权，使安理会处于短期"失能状态"，在恐怖主义迅速发展的时期仅陆续通过了 6 份关于惩治恐怖主义的决议，不能不让人对联合国独立领导国际社会的能力产生疑问。

冷战之后，短期内安理会五大常任理事国达成了难得的一致，迅速出台多份反恐决议。然而，在全球"一超多强"格局下，美国等西方国家多次单方面使用武力解决地区冲突，先后发动科索沃战争、阿富汗战争、伊拉克战争、利比亚战争、叙利亚战争等，使安理会的大国相互协调机制再次陷入困境。弱小国家在联合国特别是安理会体制内处于劣势。2018 年 4 月 13 日，美国联合英国、法国，未经安理会授权就对叙利亚发动"精准打击"，叙利亚常驻联合国代表巴沙尔·贾法里用了近半个小时斥责三国的"恐怖行径"，然而三国代表却只是离席了事。最终，旨在谴责对叙利亚进行军事打击的决议草案虽然得到中国和俄罗斯的支持，却因票数不足未能通过。因大国在反恐问题上难以达成一致，而安理会又对大国实施的军事行动无法作为，致使联合国难以有力推进国际反恐合作。

二、国际反恐合作困境的根本症结

探究国际反恐合作出现困境的根源，不得不追溯恐怖主义的根源。1972 年联合国反恐特委会在探究恐怖主义产生原因的报告中指出，恐怖主义的产生既有殖民主义、种族主义、武力侵犯他国政治独立和主权与领土完整、占领外国领土和对人民进行控制、干预他国内政等政治性原因，也有不公平的国际经济秩序、自然资源受到外国剥削、经济结构被有系统地摧毁等经济性原因，还有现有的政治、社会和经济上的不平等和剥削等社会原因①。而国际反恐合作陷入困境的根本症结，就在于恐怖主义与各国政治相互关联，部分国家将反恐作为谋求政治、经济利益的工具。因为各国利益无法调和，所以国际反恐合作难以达成共识。

（一）政治分野撕裂国际反恐合作

联合国在国际反恐合作上所作的努力，主要是通过条约和决议划定打击恐怖主义的法律范畴。然而对于国际社会而言，恐怖主义与反恐行动的政治意义远大于法律意义，这也是联合国多年以来无法在恐怖主义定义问题上达成一致的根本原因。政治分野使得联合国反恐会场成为政治博弈的战场，政治霸权成为塑造恐怖主义的新的源头，联合国关于恐怖主义问题的研讨也成为主权国家相互控诉、开展政治斗争的舞台。

1. 大国博弈中的反恐工具

相对战争来说，恐怖主义是更为廉价的斗争工具。正如叙利亚代表在联合国大会辩论中所说，"某些会员国认为恐怖主义是廉价和容易使用的工具，有助于它们实现削弱其他国家的稳定和安全的各项目标。令人遗憾的是，安理会成员阻止把这些团体列为恐怖主义组织。这些国家的政府称这些组织为'温和反对派战斗人员''武装叛乱团体'或'非国家行为体'"②。这在大国的博弈中表现尤为突出。

冷战时期，美国在苏联发动的阿富汗战争中通过秘密行动，暗中操纵恐怖团体，将其作为消耗苏联实力的工具之一。联合国对恐怖主义问题的争论被赋予了意识形态的意义，尤其是对恐怖主义定义的争论。社会主义国家、不结盟运动国家和刚刚争取民族独立与解放的国家坚持区

---

① 联合国文件：A/34/37。

② 联合国文件：A/70/PV.109。

2016 年 8 月 19 日，在地中海参加演习的 2 艘俄罗斯导弹艇发射 3 枚巡航导弹，准确打击了叙利亚境内恐怖组织"努斯拉阵线"的 3 处重要设施。

分恐怖主义与民族解放运动，要求联合国承认民族解放运动的正当性与合法性。同时，它们要求联合国将以国家为主体实施的非法军事行动和单方面确定"支持恐怖主义国家名单"造成政治恐怖的行为也定义为国家恐怖主义并予以惩处。20 世纪 80 年代，7 个社会主义国家向联合国要求肯定民族解放斗争的正义性，被以色列称为"玩世不恭和错误的区分"，并称"会议提案的作者是世界上国家提倡的恐怖主义和其他形式恐怖主义的主要策划者之一"[①]。美苏之间的反恐斗争升级为两个集团的对抗。美国和北约各盟友否认明确恐怖主义定义的重要性和对国际反恐合作的意义，只求在反恐的技术手段上进行合作，以达到它们预期的目标。

---

① 联合国文件：A/44/456，第 10 页。

冷战结束后，恐怖主义对于大国博弈的重要性并未消除，依旧是美俄斗争中的重要工具。它们一方面利用恐怖组织给对方制造麻烦，另一方面以反恐的名义开展地缘政治博弈。美国长期扶植车臣非法武装力量，积极打造俄罗斯周边环境"地缘政治多元化"格局①。2014 年以来，美国主导的反恐联盟借打击"伊斯兰国"之名，给所谓的叙利亚"温和反对派"提供经济和武器支持，幕后更大的原因是为了支持其推翻巴沙尔政权。2016 年 9 月，德国战地记者在阿勒颇采访一名叙利亚反政府武装"努斯拉阵线"的指挥官。该指挥官承认，美国不仅支持叙反对派，向"努斯拉阵线"提供武器，甚至在叙利亚派有美国顾问，训练他们使用这些新武器，包括美制陶式反坦克导弹②。

2016 年 7 月，在联合国大会全体会议上，俄罗斯代表表示，"国家反恐合作领域仍然存在着一个双重标准体系，以政治化的做法将恐怖分子和极端分子分为'坏的'和'不那么坏的'两类。更有甚者，还利用恐怖主义团体，包括其中最危险的团体，来实施地缘政治阴谋，干涉国家内部事务，动摇和取代异己政权。这正是中东和北非危机的根源。它造成新一代恐怖团体空前得势，例如'伊斯兰国'和'胜利阵线'。"③"努斯拉阵线"是"基地"组织的分支，虽几易其名，依旧无法改变其恐怖组织的本质属性。美国为实现在叙利亚取代异己政权的目标，不惜重蹈当初扶植"基地"组织的覆辙。由此可见，对大国博弈而言，打击恐怖主义和反恐合作只是实现自身政治目标的工具，国际反恐合作在涉及大国政治利益时自然难以达成。

---

① 尼古拉·科索拉波夫：《新俄罗斯和西方战略》，《世界经济和国际关系》1994 年第 2 期，50 页。

② 《德媒：叙利亚恐怖组织"努斯拉阵线"称获得美国武器和训练》，观察者网 2016 年 9 月 29 日，https://www.guancha.cn/global-news/2016_09_29_375874_s.shtml。

③ 联合国文件：A/70/PV.109，9 页。

2. 强权形势下的反恐干预

随着冷战两极体系的瓦解和新兴地区国家实力的不断增强，当前世界呈现出相对稳定的"一超多强"格局形态。霸权思维和强权政治仍然是国际体系中的主导因素，国际事务的处置难免附带大国意志，国际反恐也不例外。冷战后，美国高举反恐大旗，通过全球军事震慑力量，维护其主导地位和决定作用，实现其全球战略布局。

冷战后，美国先后对索马里（1992年）、马其顿和波黑（1993年）、海地（1994年）、巴拿马（1995年）、苏丹和阿富汗（1998年）等实施军事打击，并发动科索沃（1999年）、阿富汗（2002年）、伊拉克（2003年）、利比亚（2011年）、叙利亚（2011年）等多场战争，对主权国家采取粗暴的军事干涉。美国用精准打击替代大规模军事行动，同时保留对平民附带损伤的解释权，与国际社会所批判的恐怖主义行为具有一定的相似性。美国借恐怖组织制造有限度的混乱，为自身的介入创造契机，实现其政治需求。在伊拉克，美中情局为萨达姆政权反对派势力提供每年1500万美元的活动经费，唆使其在巴格达等大城市从事恐怖爆炸活动[1]；在东南亚，美国秘密资助"阿布沙耶夫武装""泰米尔猛虎""伊斯兰祈祷团"等组织，默许"基地"分支发展壮大，以便借"大反恐"推力重新构建起以新加坡、印尼、马来西亚、菲律宾为核心的军事存在[2]；在中国，美国暗中支持"东突""藏独"分裂势力，提供政治庇护和经费支持，并多次拒绝中国的引渡请求。同时，美国根据一己之见，将伊朗、叙利亚、朝鲜、苏丹定性为"支持恐怖主义国家"，将巴勒斯坦解放组织、解放巴勒斯坦人民阵线、哈马斯等民族解放组织定义为"恐

---

① 王逸舟：《全球时代的国际安全》，上海：上海人民出版社，1999年，257页。

② 夏立平：《美国"重返东南亚"及其对亚太安全的影响》，《现代国际关系》2002年第8期，19页。

怖组织"，策动联合国出台制裁决议。可见，恐怖主义与反恐斗争成了美国全球战略布局的工具，为维护美国霸主地位服务。

美国以强权保证其反恐"双重标准"政策执行，一些国家和组织在得到美国默许后有恃无恐地开展各种非法暴力活动，成为各国恐患难平的主要症结。在阿富汗、叙利亚等深陷反恐战争的国家，民众怨恨本国政府软弱，反对霸权干涉的思想普遍积聚，极易成为恐怖主义传播的新的土壤。美国凭借霸权对其他国家和地区事务的强行干涉，与联合国的治理无力形成鲜明对比，引发其他会员国对国际反恐合作的质疑，也破坏了国际反恐合作的互信基础。

3.地区博弈中的反恐斗争

武力干涉、民族矛盾等造成恐怖主义频繁发生的情况在素有历史矛盾的地区中尤为普遍。在美国的影响下，部分国家也通过恐怖主义或反恐的手段，借力打力，谋求地缘政治利益，在联合国反恐平台上争夺道义高点，对国际反恐合作造成强烈干扰。主要表现为以下几种形式：

一是恐怖手段成为地区矛盾冲突的极端体现。最为典型的是有边界纷争的巴基斯坦和印度、巴勒斯坦和以色列。印控克什米尔地区局势持续紧张，活跃在当地的虔诚军和穆罕默德军活动频繁。巴以冲突长期得不到解决，巴勒斯坦和以色列交界处多次受到爆炸袭击、车辆冲撞和枪击等恐怖袭击的袭扰，谋求巴勒斯坦民族解放的解放巴勒斯坦人民阵线和哈马斯等组织十分活跃。而关于巴以之间的冲突是否是恐怖袭击，双方在联合国的舞台上争斗不休，这也成为长期以来对恐怖主义定义存在分歧的常用案例。

二是利用联合国反恐平台，指责周边国家的恐怖主义行径。联合国搭建的国际反恐辩论平台，本意是谋求各会员国能够达成一致，共同采取有效行动打击国际恐怖主义。然而，部分国家利用这一平台相互控诉和指责，反而增加了反恐合作的难度。例如，2016 年，格鲁吉亚指责俄罗斯占领格鲁吉亚领土，并称"这些地区犹如黑洞，已成为恐怖分子、其他激进和极端团体以及有组织犯罪分子的安全庇护所，对整个区域的安全形势构成威胁。此外，由于腐败盛行，而且没有合法和有效的警察及保安管制，俄罗斯占领的格鲁吉亚领土阿布哈兹的海港可能被外国恐怖主义作战人员用于'圣战'之旅以及走私大规模毁灭性武器"①。乌克兰指责俄罗斯对乌克兰的侵略和对克里米亚的占领，称"俄罗斯竭力向乌克兰输出恐怖主义"，"持续向恐怖分子提供武器，在俄罗斯境内组织招募和训练恐怖分子，并把他们调派到乌克兰东部，以增强当地恐

2015 年 7 月 14 日，数万名东京市民举行大规模抗议集会，反对日本政府强推意在解禁集体自卫权的新安保法案。

---

① 联合国文件：A/70/PV.109，17—18 页。

怖分子的作战能力"①。亚美尼亚指责阿塞拜疆利用恐怖主义,破坏亚美尼亚在格鲁吉亚的利益,称1992—1995年间通往亚美尼亚的铁路被其炸毁13次,通过格鲁吉亚前往亚美尼亚的天然气管被其爆破20次②。

三是区域内国家通过反恐战争争夺势力范围。最为典型的是自2014年起以美国为主导的联军在叙利亚打击"伊斯兰国"的战争中各国的表现。根据联合国对外国恐怖主义作战人员的报告(S/2016/501),"土耳其、沙特阿拉伯和卡塔尔等国家提供支助和便利,超过115个会员国成为成千上万名外国恐怖主义作战人员的来源国"。多国联军打击"伊斯兰国"各取所需:土耳其借打击"伊斯兰国"的名义启动"橄榄枝行动",出兵叙利亚,培养亲土的"叙利亚自由军"和其他反对派势力,驱逐库尔德武装,消灭其有生力量,被叙利亚政府指责为侵略行动;美国、法国等国家通过有限支持叙利亚境内的库尔德武装,向其提供资金和武器,一方面作为国际联军的地面力量,配合打击"伊斯兰国",另一方面意图推翻阿萨德政府,遏制伊朗在中东的势力扩张;黎巴嫩真主党和伊朗伊斯兰革命卫队则与叙利亚政府军合作,在打击"伊斯兰国"的同时巩固阿萨德政权。打击"伊斯兰国"的军事行动,最终演变为充斥着历史积怨、民族冲突、教派冲突和利益攫取的政治战争,各方矛盾在"伊斯兰国"的据点被消灭后更加凸显。

(二)利益投机掣肘国际反恐合作

由于国家利益的特殊重要位置,各国顺应国际反恐要求而采取的各项行动举措,仅是根据国际环境态势变化所进行的外交政策调整,并不

---

① 联合国文件:A/70/PV.109,23页。
② 联合国文件:A/51/336,27—28页。

会动摇以获利为根本的国际政治活动出发点和归宿点。同时，随着美国反恐的强势推进，多国对广泛性国际合作心生猜忌、信心动摇，原本掩盖在反恐大旗下的对立矛盾、历史积怨等问题再度暴露。一些国家开始斡旋游走于各方势力之间，借机赢取利益最大化；而另一些国家则积极迎合美国反恐战略实施，通过"搭便车"和"借力打力"的方式，图谋实现一己诉求。这些都给国际反恐带来不可预见的"变数"。

1. 谋求经济利益

反恐斗争最重要的一项内容就是切断恐怖组织的资金链，国际社会普遍明确，恐怖活动的次数及严重性往往由恐怖分子获得多少资助而定。联合国在各项决议中明确提出，各国要禁止向恐怖主义提供任何形式的资助。然而巨大的经济利益驱使某些国家铤而走险，不同程度地与恐怖组织进行低价石油买卖等非法活动。

2. 谋求军事利益

在东北亚，日本在"9·11"事件后不久，就借助美国发动阿富汗战争之机"试探性"通过《反恐特别措施法》，宣称日本派遣自卫队参与美国反恐作战，是"以安理会第1368号决议为依据"，目的在于"积极主动地参加国际社会防止和根除恐怖主义的行动"。根据此项法律，日本自卫队活动可以无限制拓展到所有国际公海、空域，以及经有关国家同意的外国领土上。在此后的时间里，日本逐渐将反恐"嵌入"军事化发展道路，一面积极参与美国在中东、印度洋等地的反恐作战；一面加强与法国、韩国、澳大利亚、泰国、印尼、菲律宾、印度等国的军事交流。2008年，日本相继出台和完善了《新反恐特别措施法修正案》《防卫计划大纲》等文件，并于2015年拉拢美国支持通过"新安保法案"，实现可以援引"集体自卫权"实施军事反击的一切权利，以反恐作为突破宪法限制向"正常国家"迈进的理由。

3.谋求国内支持

2011 年，北约国家超越联合国安理会决议内容范围，强行发动利比亚战争。法国成为打响战争"第一枪"并带头承担各类行动任务的主要国家。法国"积极"动作与其国内政治诉求有密切联系。此前，法国在对突尼斯、埃及局势变化的外交应对中表现失准，萨科齐政府备受国内舆论诟病。发动利比亚战争，恢复法国在非洲地区的传统影响力，既是萨科齐争取大选连任的博弈手段，也与萨科齐政府一上台就提出的"重返非洲"战略一脉相承。同时，法国和利比亚两国因恐怖主义问题一直存有历史积怨，利比亚政府迟迟不移交涉嫌 1989 年法国联合航空 772 号航班空难事件的 6 名利比亚籍恐怖分子，而且在相关赔偿问题上讨价还价不予兑现。卡扎菲政权在与法国的多次交往中，表现出强硬的非洲"带头人"作风[①]，致使法国在利比亚的投资计划屡屡受挫。法国率先打击利比亚，将一定程度地放大国内民众复仇呼声，提高萨科齐政府支持率。然而，北约在利比亚的反恐行动制造出新的动荡，促使该地演变为继阿富汗、伊拉克之后恐怖势力新的"避风港"。

（三）恐怖组织自身发展为反恐合作带来新挑战

中东和北非地区恐怖主义威胁未减，被打散的恐怖组织成员部分向欧洲腹地回流，部分继续向非洲、南亚、东南亚等地区转移，使传统范围的恐怖核心区域扩大为非洲、中东、中亚、南亚、东南亚连成一片的广袤地带。

1.恐怖网络趋于扁平化、分散化、单元化

目前，恐怖组织传统的垂直性指挥系统已经完成向各自为战、互相

---

① 杨光、温伯友：《中东非洲发展报告 2001—2002》，北京：社会科学出版社，2002 年，141 页。

呼应、多层多线联系的网络化运作模式转变。在欧洲地区，单人或小组模式的"独狼式"恐怖袭击成为主要袭击手段，它们虽然与"伊斯兰国"有千丝万缕的联系，但却并不接受其垂直领导，而是自成独立的作战单元。"基地"组织由一个等级森严的组织体系逐渐演变为网络式平面结构，北非和阿拉伯半岛等地区的恐怖组织也纷纷扛起"基地"旗帜开展独立作战。随着本·拉登的死亡和"伊斯兰国"在伊拉克、叙利亚战场的失败，散布在世界各地的潜伏组织或睡眠组织随时可能被"唤醒"，恐怖网络呈现遍地开花的复杂情势。

2. 国际恐怖主义与本土恐怖分子相互作用

国际恐怖主义通过传播极端思想，与一些国家的本土恐怖分子形成互动，进而发动恐怖袭击，成为新的恐怖活动模式。这一特点在欧美国家表现得尤为突出。近些年来，法国、德国、比利时等欧洲心脏地带重大恐袭事件接二连三，人员伤亡不断创历史新高。国际恐怖主义借网络传播途径宣扬恐怖理念，提供技术支持，激化了一大批原本存在心理问题的个人自愿效仿。这些激进分子不隶属于任何组织、不受外来指挥、不求外来资助、不与外界发生联系，作案自发性、随意性强，成为各国政府最难防范的恐怖威胁。英国伦敦威斯敏斯特车辆冲撞行人并冲击议会大厦事件和曼彻斯特体育馆爆炸事件、法国香榭丽舍大街袭警事件、瑞典斯德哥尔摩车辆冲撞行人事件、美国纽约曼哈顿下城卡车冲撞行人事件、西班牙加泰罗尼亚广场车辆冲撞行人事件等，都是此类模式。

3. 科技快速发展带来新的挑战

当今计算机和网络技术的快速发展，为人民生活带来便利，而高度公开透明的信息和便捷的网络信息共享模式，也为国际反恐合作带来新的挑战。与传统恐怖组织不同，"伊斯兰国"十分重视网络宣传和发声，利用社交媒体对大量年轻人的意识形态产生影响，从源头上扩大其招募渠道。超过 115 个国家的上万名青年响应"伊斯兰国"号召奔赴叙利亚战场,其中不乏大量来自欧美国家的青年,而他们的回流和转移也为国际反恐带来新的挑战。恐怖分子使用新的技术进行沟通联络、宣传招募、下达指令。相比之下,国际相关反恐合作水平相对滞后,常常只能在恐怖组织新的技术面前被动应对,有限的财力和人力资源使之难以适应技术的最新发展。

第三节
联合国突破国际反恐合作困境的努力

当前国际恐怖主义与反恐斗争之间的较量仍处于胶着状态。大国单边反恐行动严重影响联合国反恐成效，导致联合国陷于权威受损、号召力不足、执行力受限的窘境。虽然如此，联合国依旧站在应对国际恐怖主义问题的最前沿，积极发挥协调和推动作用，着力消除分歧，构建立体式反恐战略。

一、统一认知基础

各国关于恐怖主义能否达成统一认知，包括如何定性恐怖行为、如何界定恐怖组织和恐怖分子、如何开展合作等基础问题，关乎国际反恐合作的成败。由于立场、站位、情感、意图等方面的差异，各国对恐怖主义的核心问题理解不尽相同，围绕"是非判断"产生巨大隔阂分歧，这不仅不利于形成最终意见，反而会销蚀反恐合力，使恐怖分子逃脱法律制裁。因此，切实有效地对各国分散化的恐怖主义认识进行明确统一，一直是联合国反恐工作中最重要的组成部分。

（一）确立恐怖主义原则性认定

恐怖主义定义的构成要件主要包含行为主体、行为判别、施暴目的、施暴对象、施暴方式、危害性等条件。目前，各国对施暴目的、施暴方式和危害性界定较为统一，但对行为主体、行为判别和施暴对象的界定莫衷一是，且前两项因素构成了当前定义未决的主要原因。长期以来，联合国对这三个要素保持原则性认定。

一是对行为主体的认定。在联合国大会 1972 年的决议中，联合国大会首次阐明"所有国家不得组织、煽动、协助、参与或默许他国境内的恐怖主义行为"[①]；1984 年通过《不允许国家恐怖主义政策并不允许各国采取旨在破坏其他主权国家社会政治制度的任何行为》的第 39/159 号决议，对以国家为主体直接参与的恐怖主义政策明令禁止。

二是对恐怖主义行为判别的认定。这项认定如何达成一致，其根本是西方国家与广大发展中国家围绕"恐怖分子与自由斗士"背后暴力手段运用的合法性争夺，本质是霸权国家对受压迫国家武力反抗合法性的否定。联合国大会长期坚持民族自决权和民族解放运动的合法性，强调要"对恐怖主义与民族解放斗争加以区分"。遗憾的是安理会并未对此问题作出认定。

三是对施暴对象的认定。联合国在《消除国际恐怖主义的措施》系列决议中明确指出，恐怖活动的主要施暴对象是"一般无辜民众或有特定影响的人"，安理会决议中也认定主要对象是"无辜民众和其他受害者"。

（二）反对以种族宗教为借口实施恐怖活动

基于种族、宗教等借口的恐怖活动同样带有一定的政治色彩。冷战

---

① 联合国文件：A/RES/34/145，A/RES/38/130。

结束后，一些极端势力以种族、宗教压迫为噱头，大搞恐怖活动，持续造成地区和全球的动荡不安。对此，联合国在 1994 年出台的《消除国际恐怖主义的措施》中首次明确，"不论引用何种种族、人种、宗教为借口，在任何情况下都是不可辩护的"，安理会在 1999 年决议中强调"无论动机为何，都是无可开脱的犯罪行为"。在整个联合国层面，种族和宗教已经不能成为任何人使用恐怖手段的借口。

（三）促成国际社会不断达成反恐新共识

面对反恐斗争中出现的新情势，联合国积极发挥协商推动、维护正道的作用，在反恐合作涉及的"人权""恐怖犯罪政治判定""普遍认知"等普遍问题上，不断促进国际社会达成共识。

一是将人权引入对恐怖主义的认知，促进国际社会对恐怖主义犯罪属性的认同。20 世纪 90 年代后，恐怖分子的手段出现一些调整，追求制造大规模、杀伤力强的恐怖事件，营造恐怖气氛，制造轰动效应。面对恐怖分子对无辜生命的肆意杀戮，联合国将人权的概念引入恐怖主义认知中。1993 年，联合国大会在第三委员会报告基础上出台《人权与恐怖主义》专门决议，提出"恐怖组织对无辜者的肆意杀害、致伤是对人权的严重侵犯，无论其在何地发生、系何人所为、基于何种目的，均视为违背理性的破坏人权"[①]。2003 年，美国在伊拉克虐囚丑闻逐渐浮出水面，联合国大会通过《在打击恐怖主义的同时保护人权和基本自由》[②]决议，根据人权普惠价值同时关怀恐怖主义的受害者和施暴者，要求在打击恐怖主义的同时保护恐怖分子的人权，这一精神至今一直延续。

---

① 联合国文件：A/RES/48/122。

② 联合国文件：A/RES/57/219。

二是否定以政治目的为由拒绝惩治恐怖行为。由于恐怖犯罪大都带有明显的政治色彩，各国在"基于政治目的"的犯罪惩治和引渡问题上存在较大争议，一些国家出于政治认知，要求在恐怖主义行为惩治中引入政治庇护权，这将极大影响对国际范围内恐怖行为的公正裁决。因此，联合国在1994年推动各国形成《消除国际恐怖主义的措施》决议，以共同宣言的形式首次提出"为了政治目的而蓄意在无辜人群中引起恐怖状态的犯罪行为，不论引用何种政治借口，在任何情况下都是不可辩护的"。这也促成安理会以该宣言为基础作出"对国际和平与安全构成威胁者，不论其动机为何，都是无可开脱的犯罪行为"的强势认定，并在后续出台的《制止恐怖爆炸公约》等国际反恐法律文书中延续了这一认知。

三是巩固凝聚力，提升反恐普遍共识。"9·11"事件后，美国将反恐打击与霸权扩张相结合，招致世界许多国家民众的强烈反抗，引发国际反恐合作凝聚力持续走低。联合国以改革发展动力为契机，在2005年英国伦敦连环爆炸案发生后，适时通过《世界首脑会议成果文件》，各国首脑首次就恐怖主义问题达成"明确和无条件谴责"的一致共识，再次强调联合国在国际反恐中的权威作用，国际反恐共识再次提升。随后出台的《联合国全球反恐战略》，是192个成员国首次就打击恐怖主义的整体战略达成一致，意义重大，标志着联合国多年来在协调和加强各国打击恐怖主义方面的努力迈出实质性与决定性的一步。

二、提供行动依据

国际反恐合作需要有国际社会共同认可的法律基础，作为开展合作的行动依据。联合国先后推出13项针对特定恐怖主义行为的普遍性国际公约，也称"部门性反恐公约"，为辨识和打击特定恐怖行为提供行动与执法依据。同时，联合国一直致力于完成旨在全面禁止各种恐怖活动的综合性反恐公约——《全面反恐公约》。虽然各方在公约核心问题上依然存在争议，欧美等国家多次对公约的现实意义提出质疑，但联合国始终在为消除分歧、促进统一不懈努力，一方面为推进《全面反恐公约》多方斡旋，通过决议重启公约制定进程；另一方面通过安理会决议的"准立法"功能，强化现有反恐措施的执行。联合国的反恐立法为各国国内反恐立法提供了基本范本，也为国际反恐合作提供了行动依据。

三、构建整体方向

为了有效遏制恐怖主义势头，联合国在积极统一各方认识、完善反恐立法、推进国际合作的同时，更致力于消除恐怖主义赖以滋生的根源。"9·11"事件之后，国际社会达成共识，"打击恐怖主义必须有一个目光长远的方法或方案"[①]。2006年9月，联合国大会一致通过秘书长提出的《联合国全球反恐战略》，国际社会防范与打击恐怖主义有了清晰而具体的行动方案。在这份方案中，联合国提出了最终消灭恐怖主义根源的整体实施步骤，以及如何调动各国以及联合国系统各机构开展反恐活动的一系列广泛性措施。《联合国全球反恐战略》的出台，有力地加强了国际社会打击恐怖主义的"总体战"策略，标志着联合国系统的各种反恐努力被纳入一个共同的合作框架内，国际反恐有了新的指导纲领。

（一）国际反恐战略的提出

2004年，国际反恐战略由"威胁、挑战和改革问题高级别小组"在

---

① 联合国文件：A/59/565。

《一个更安全的世界：我们共同的责任》报告中提出。该报告主张联合国以确立和落实"综合安全观"为核心进行改造，对于恐怖主义防治问题，"在所有这些关注方面，贯穿着一条主线，那就是制定一项打击恐怖主义的整体战略……在秘书长的领导下，应当促进这种战略"①。

（二）国际反恐战略的成型

2005 年 3 月 10 日，"马德里火车爆炸案"发生一周年之际，安南秘书长在"民主、恐怖主义和安全问题"国际峰会上发表题为《打击恐怖主义全球战略》的演说，正式提出制定一项综合性反恐战略的设想，

2006 年 9 月 8 日，联合国大会通过了《全球反恐战略》。图为 2006 年 5 月 2 日，联合国秘书长安南向第六十届联大提交题为《团结起来消灭恐怖主义：关于制定全球反恐战略的建议》报告。

---

① 联合国文件：A/59/565。

阐述构成这个战略基本支柱的五个要点，将其提升为应对恐怖主义威胁，帮助成员国在本国、区域和全球层次开展反恐斗争的根本办法。在联合国推动下，2005 年《世界首脑会议成果文件》中明确肯定了秘书长提出的国际反恐战略五点要素，并要求"大会毫不拖延地发展这些要点，以便通过并执行这一项战略"，进而"推动国家、区域和国际级别的全面、协调和连贯反恐对策"，同时"这项战略还须考虑到助长恐怖主义蔓延的原因"①。2006 年 4 月 27 日，联合国秘书长安南发表《团结起来消灭恐怖主义：关于制定全球反恐战略的建议》报告，并在随后发表专题声明，重申国际关系中"维护主权平等""尊重领土完整和政治独立""不违背联合国宗旨原则""不使用武力威胁"等普遍原则。9 月 8 日，联合国大会第 60/288 号决议通过《联合国全球反恐战略》，授权 2007 年 9 月 19 日正式启动。至此，国际反恐战略初步成型。

（三）国际反恐战略的审查更新

为了保证《联合国全球反恐战略》顺利实施，联合国大会在其相继通过的决议中，均明确要求各国全面执行《联合国全球反恐战略》实施意见，并每两年审查实施进展，以便加以修订以应对情况变化。目前已经累计对战略进行了五次审查和更新。

联合国全面反恐战略的制定与落实，为国际反恐合作坚持正确导向奠定了扎实的基础，也表明了联合国带领世界打击恐怖主义的坚定决心。

---

① 联合国文件：A/59/2005。

第四章
国际反恐合作的中国方案

　　恐怖主义肆虐已成为国际社会的一大公害，对世界各国的安全稳定与社会经济发展构成极大威胁。反恐难题将长期存在。

　　中国坚持综合治理，在治标的同时，不断努力铲除滋生蔓延恐怖主义的土壤，取得明显成效。在国际上，作为负责任的大国，中国主张建立以联合国安理会为主要协调机构的反恐国际体系；从国际社会整体利益出发，坚持将反恐纳入国际法和国际框架来考虑；倡导"上海合作组织"等国际组织发挥重要的区域性反恐作用；强调双边反恐的积极务实合作。

　　更为重要的是，中国基于多元文明、文化、宗教和民族的和谐共存，针对当前国际反恐合作的困境，从整个人类社会发展的前途出发，站在超越不同意识形态的高度，提出"人类命运共同体"理念，倡导"一带一路"建设和"新安全观"，为包括国际反恐合作在内的全球治理提出具有东方智慧的中国方案。这也让国际社会在解决反恐合作等难题时看到了曙光。

第一节
中国国内反恐实践取得卓越成效

中国面临的恐怖威胁主要来自以"东突"为代表的"三股势力"，即分裂势力、极端势力和恐怖势力。分裂国家是这三股势力要达到的目标，极端思想是其借助并利用的宗教、民族、文化等外衣，而恐怖活动则是其实现分裂的工具[①]。本质上，"东突"即是分裂势力、极端势力和恐怖势力的"三合一"。长期以来，"东突"势力企图将新疆从中国分裂出去、建立所谓的"东突厥斯坦国"。它们在中国境内外策划、组织、实施一系列爆炸、暗杀、纵火、投毒、袭击等恐怖事件，严重危害了中国各族人民群众的生命财产安全和社会稳定，并对有关国家地区的安全与稳定构成威胁。

中国政府在对境内恐怖活动采取一系列严厉打击措施的同时，注重通过发展等途径解决可能为恐怖势力所利用的矛盾、问题和冲突，取得明显成效。近些年来，中国境内恐怖活动势头得到有效遏制，98%以上

---

① 维克托·V.拉姆拉伊、迈克尔·荷尔、肯特·罗奇、乔治·威廉姆斯：《全球反恐立法和政策》，杜邈等译，北京：中国政法大学出版社，2016年，301页。

的恐怖袭击活动都在预谋阶段被挫败。

一、"东突"势力恐怖活动的特点

新疆自古以来就是一个多民族聚居和多种宗教并存的地区，从西汉开始成为中国统一的多民族国家不可分割的组成部分。历史上，新疆的宗教虽然一直在不断演变，但多种宗教并存的格局始终延续。现在新疆的宗教主要有伊斯兰教、佛教（包括藏传佛教）、基督教、天主教、道教等。自西汉于公元前 60 年在新疆设"西域都护府"之后，中国历代中央政府都对新疆进行军政管辖[1]，一直没有间断。20 世纪初以来，极少数分裂分子、极端分子受国际极端主义和民族沙文主义思潮的影响，根据老殖民主义者炮制的说法，将地理名词"东突厥斯坦"政治化，编造一套所谓"东突厥斯坦独立"的"思想理论体系"，鼓吹"东突厥斯坦"自古以来就是一个独立的国家，其民族有近万年历史；鼓噪所有操突厥语和信奉伊斯兰教的民族联合起来，组成一个"政教合一"的国家；否认中国各民族共同缔造伟大祖国的历史；叫嚣"要反对突厥民族以外的一切民族"，消灭"异教徒"，妄称中国是"东突厥斯坦民族 3000 年的敌国"，等等。所谓的"东突"理论形成后，形形色色的分裂分子打着"东突"旗号进行活动，企图实现建立"东突厥斯坦国"的妄想[2]。

---

[1] 《中国发表新疆的历史与发展白皮书，阐释"东突"》，中国新闻网 2003 年 5 月 26 日，http://www.chinanews.com/n/2003-05-26/26/307086.html。

[2] 《中国政府白皮书："东突厥斯坦"问题的由来》，中国网 2003 年 12 月 6 日，http://www.china.com.cn/zhuanti2005/txt/2003-12/16/content_5462343.htm。

（一）"东突"势力活动的三个阶段

第一阶段：从 20 世纪初至 20 世纪 40 年代末。"东突"势力在外国势力的怂恿、支持下，多次制造动乱。1933 年 11 月，沙比提大毛拉等在喀什建立所谓"东突厥斯坦伊斯兰国"，但在新疆各族人民的反对下，不到 3 个月便瓦解了。1944 年，新疆爆发反对国民党统治的、作为中国人民民主革命运动一部分的"三区革命"（"三区"是指当时新疆的伊犁、塔城和阿勒泰三个地区），分裂分子艾力汗·吐烈窃取"三区革命"初期的领导权，在伊宁成立所谓的"东突厥斯坦共和国"，自任"主席"。1946 年 6 月，"三区革命"领导人阿合买提江、阿巴索夫等撤销艾力汗·吐烈的职务，将"东突厥斯坦共和国"改组为伊犁专区参议会，分裂势力受到致命打击。

第二阶段：新疆和平解放至"9·11"事件。1949 年 9 月 25 日新疆和平解放后，"东突"势力并不甘心失败。极少数逃到国外的分裂分子和境内的分裂分子里应外合，在国际反华势力的支持下伺机从事分裂活动。尤其是进入 20 世纪 90 年代，境内外"东突"势力实施以恐怖袭击为主要手段的分裂活动，先后制造一系列血腥的恐怖事件。据不完全统计，1990—2001 年，境内外"东突"势力采取各种手段在新疆地区制造 200 多起恐怖事件，造成各民族群众、基层干部、宗教人士等 162 人丧生、440 多人受伤。一些"东突"组织公开宣扬要通过恐怖手段达到分裂目的。被警方查获的"东突伊斯兰党""东突反对党"等组织的纲领中明确提出，要"走武装斗争道路"，"在人口集中的地区制造各种恐怖活动"。他们编印的小册子《我们的独立是否有希望》毫不掩饰地宣称，要不惜代价在幼儿园、医院、学校等场所制造恐怖气氛。

"东伊运"作为"东突"势力的一部分，此阶段活动尤为突出，不仅在境外建立基地、培训恐怖分子，还不断派人潜入中国境内，策划、

2009 年 7 月 5 日晚，新疆首府乌鲁木齐市发生打砸抢烧严重暴力犯罪事件，犯罪分子攻击路人，放火焚烧车辆，多名无辜群众遇难。

指挥恐怖活动，先后制造了 1998 年 5 月 23 日新疆乌鲁木齐火车站仓库爆炸纵火案，1999 年 2 月 4 日乌鲁木齐市持枪抢劫案、2 月 10 日乌鲁木齐市暴力拒捕案、3 月 25 日新疆和田市爆炸案、6 月 18 日新疆新和县暴力拒捕案等一系列恐怖案件，导致民众 140 人死亡、371 人受伤；先后 57 次与中国警方进行武力对抗，导致中国警方 26 人牺牲、74 人受伤。中国警方共打掉其窝点 44 处，缴获各种枪支 98 支、手雷 4500 余枚和大批刀具、爆炸装置和原材料等[①]。

第三阶段：后 "9·11" 时代。"9·11" 事件后，国际反恐斗争与

---

① 《关于联合国安理会制裁阿富汗委员会将 "东突厥斯坦伊斯兰运动" 列入受制裁实体名单的通知》，中国政府网 2002 年 9 月 17 日，http://www.gov.cn/gongbao/content/2002/content_61790.htm.

合作的呼声日趋强烈。"东突"势力又一次打着所谓维护"人权""宗教自由""少数民族利益"的旗号，编造所谓"中国政府借机打击少数民族"的谎言，混淆视听，欺骗国际舆论，试图逃脱国际反恐的打击①。但事实胜于雄辩，"东突"势力的狡辩不能掩盖其破坏新疆稳定、侵害新疆各族人民生存和发展的基本人权的罪行。2009 年 9 月 21 日，国务院新闻办公室发布《新疆的发展与进步》白皮书，指出"东突"势力对新疆的发展稳定构成严重威胁。2008 年以来"东突"势力开始新一轮的恐怖活动，针对北京奥运会先后制造多起恐怖事件。特别是 2009 年 7 月 5 日发生的新疆乌鲁木齐市打砸抢烧严重暴力犯罪事件，造成 197 人死亡（其中绝大部分是无辜民众）、1700 多人受伤，331 个店铺和 1325 辆汽车被砸烧，众多市政公共设施被损毁。该事件是由境外"世维会"遥控指挥、煽动，境内恐怖分子实施，有预谋、有组织的恐怖活动，使各族群众生命财产遭受重大损失，对当地正常秩序和社会稳定造成严重破坏。"7·5"事件后，"东突"势力并没有就此罢手，而是变本加厉，在中国新疆和其他各地实施多起恐怖袭击事件。

（二）境内外"东突"势力在新疆制造恐怖事件的特点

一是重点袭击警察和政府机关。2013 年 6 月 26 日，新疆鄯善发生恐怖袭击案，多名暴徒先后袭击鲁克沁镇派出所、特巡警中队、镇政府和民工工地，放火焚烧警车，造成 24 人遇害（其中维吾尔族 16 人），包括公安民警 2 人，另有 21 名民警和群众受伤。

二是建立秘密训练基地，筹集、制造武器弹药。"东突"势力为培训骨干、扩大恐怖组织，常常在新疆偏僻地区秘密建立训练基地。1998

---

① 《中国政府白皮书："东突厥斯坦"问题的由来》，中国网 2003 年 12 月 6 日，http://www.china.com.cn/zhuanti2005/txt/2003-12/16/content_5462343.htm。

年 2 月，境外"东伊运"派遣数十名在阿富汗受过爆炸训练的成员潜入新疆和内地省市建立 15 处秘密训练窝点，对来自不同地区的 150 名恐怖分子进行爆炸培训。他们按照境外提供的配方，大量购置化学原料，秘密制造炸药和爆炸装置。1998 年 9 月，新疆警方在乌鲁木齐火车北站一仓库里，一次就缴获制爆化学原料 20 多种 300 多箱，重达 6 吨。此外，还有大量零散的训练点，通常 3—5 人一组。这些训练点同时也是武器、弹药和爆炸装置的制造窝点。

三是袭击目标涵盖维吾尔族民众。事实上，"东突"势力在进行恐怖活动时，不仅针对汉族民众，还将维吾尔族干部群众和爱国宗教人士视为"异教徒"加以杀害。如 1996 年 3 月 22 日，两名恐怖分子蒙面持枪闯入阿克苏地区新和县伊斯兰教协会副主席、清真寺副主持阿克木司

2014 年 5 月 22 日，新疆乌鲁木齐市发生一起爆炸案，造成 39 名无辜群众遇难，94 人受伤。图为当地市民悼念"5·22"暴力恐怖事件中的遇难者。

地克·阿吉家中，将其枪杀。此外，"东突"势力还将矛头指向无辜平民，采取爆炸、暗杀、投毒、纵火等手段，制造恐怖气氛、扩大影响范围。

四是在国外制造恐怖暴力事件。1997年3月，境外"东突"恐怖分子开枪袭击中国驻土耳其大使馆，冲击中国驻伊斯坦布尔总领馆，焚烧中国总领馆悬挂的国旗。2016年8月30日，境外"东突"恐怖分子使用自杀式汽车炸弹，攻击中国驻吉尔吉斯斯坦大使馆。

（三）当前中国面临的恐怖威胁形态

"东突"是中国面临的最直接的恐怖威胁，主要针对中国境内进行恐怖活动。一是以"东伊运"为首的"东突"恐怖势力与其他国际恐怖势力相勾结，扩充实力，培训人员，指挥、策划中国境内的恐怖活动；二是以热比娅、多力坤·艾沙等为首的"世维会"整合欧美"东突"势力，对中国境内"文煽、武扰"[①]；三是受"伊斯兰国"影响出境参加国际恐怖活动的人员，对中国境外目标实施恐怖袭击，回流后威胁国内安全；四是境内极端分子受境外"东突"势力蛊惑、煽动、指挥，成立恐怖团伙，策划实施恐怖袭击。

"东突"势力实施的恐怖活动形态越来越与国际恐怖势力"接轨"。一是以"极端主义"和"独立建国"为主导思想；二是以自杀式恐怖袭击为主要手段；三是以普通民众、基层政权及执法维稳力量为重点攻击目标。2014年7月28日凌晨，新疆莎车县一伙暴徒持刀斧袭击艾力西湖镇政府、派出所，并有部分暴徒窜至荒地镇，打砸焚烧过往车辆，砍杀无辜群众，造成37人死亡（汉族35人、维吾尔族2人）、13人受伤，

---

① 《2014反恐对策与应急管理国际高端论坛会议综述》，http://www.360doc.cn/article/15549792 449062294.html。

并烧毁汽车6辆、打砸汽车25辆。途经此地的墩巴克乡乡长和乡纪委书记严厉斥责暴徒行径，惨遭杀害。2016年12月28日，4名暴徒驾车冲入新疆墨玉县县委大院，引爆自制爆燃装置，造成1人死亡、3人受伤。

近几年来，中国境内出现一些名为"伊吉拉特"的恐怖团伙。它们与境外恐怖势力相勾连，对外偷渡人员，如出境到中东参加"伊斯兰国"，或到南亚加入"东伊运"，或到欧洲加入"世维会"，一部分人员还通过东南亚国家回流作案。"伊吉拉特"意为"迁徙"，恐怖分子将"迁徙"和"圣战"进行捆绑，煽动穆斯林离开故土，鼓吹通过实施恐怖活动来完成"迁徙圣战"。近年来新疆破获的恐怖案件中，90%以上案件中的恐怖分子都受到"伊吉拉特"极端思想毒害。2014年，乌鲁木齐市"5·22"严重暴力恐怖案件，就是团伙成员在观看"东伊运"制作的"伊吉拉特"暴恐视频后实施犯罪的。

二、中国打击恐怖主义的原则、主张和做法

"安而不忘危，存而不忘亡，治而不忘乱。"习近平总书记在中共十九大报告中指出，"国家安全是安邦定国的重要基石，维护国家安全是全国各族人民根本利益所在。"中国从维护国家安全的高度出发，对加强反恐工作作出一系列重大决策部署，实施综合治理的积极措施，取得明显效果，积累了丰富的反恐经验。

（一）大处着眼，构建反恐理论和法律基础

习近平总书记指出："恐怖活动漠视基本人权、践踏人道正义，挑战的是人类文明共同的底线，既不是民族问题，也不是宗教问题，而是各族人民的共同敌人。"因此，必须将反恐纳入国家安全战略，加强顶

2017 年 6 月，武警部队猎鹰突击队和雪豹突击队在广西北部湾海域开展海上特种作战训练，涉及潜水渗透、海上交通工具反劫持等内容，全面锤炼海上反恐作战能力。

层设计，保护人民生命财产安全。

1. 成立中央国家安全委员会

2013 年 11 月 12 日，中共十八届三中全会公报指出，设立中央国家安全委员会，完善国家安全体制和国家安全战略，确保国家安全。中央国家安全委员会由中共中央总书记习近平任主席，中央政治局常委李克强、张德江任副主席，下设常务委员和委员若干名。中央国家安全委员会作为中共中央关于国家安全工作的决策和议事协调机构，向中央政治局、中央政治局常务委员会负责，统筹协调涉及国家安全的重大事项和重要工作。中央国家安全委员会既有对内职能，也有对外职能，具有统筹国内和国际两个大局、整合对内对外事务的内外兼顾特点。

成立中央国家安全委员会，是推进国家治理体系和治理能力现代化、实现国家长治久安的迫切要求，是全面建成小康社会、实现中华民族伟大复兴中国梦的重要保障，目的就是更好适应中国国家安全面临的新形势新任务，建立集中统一、高效权威的国家安全体制，加强对国家安全工作的领导。中央国家安全委员会的设立，有利于提高国家在面临各种安全危机和挑战时的应变能力，也代表着中国在捍卫国家安全和国家利益方面的决心与意志 。

2. 提出"总体国家安全观"构想

2014 年 4 月 15 日，习近平总书记在中央国家安全委员会第一次会议上首次明确提出"总体国家安全观"，这是新时期中国共产党维护国家安全的根本方针政策。习近平总书记指出："增强忧患意识，做到居安思危，是我们治党治国必须始终坚持的一个重大原则。我们党要巩固执政地位，要团结带领人民坚持和发展中国特色社会主义，保证国家安全是头等大事。当前我国国家安全内涵和外延比历史上任何时候都要丰富，时空领域比历史上任何时候都要宽广，内外因素比历史上任何时候都要复杂，必须坚持总体国家安全观。"

习近平总书记指出，坚持总体国家安全观，要以人民安全为宗旨，以政治安全为根本，以经济安全为基础，以军事、文化、社会安全为保障，以促进国际安全为依托，走出一条中国特色国家安全道路。贯彻落实总体国家安全观，必须既重视外部安全，又重视内部安全，对内求发展、求变革、求稳定、建设平安中国，对外求和平、求合作、求共赢、建设和谐世界；既重视国土安全，又重视国民安全，坚持以民为本、以人为本，坚持国家安全一切为了人民、一切依靠人民，真正夯实国家安全的群众基础；既重视传统安全，又重视非传统安全，构建集政治安全、国土安全、军事安全、经济安全、文化安全、社会安全、科技安全、信息安全、生态安全、资源安全、核安全等于一体的国家安全体系；既重视发展问题，

2015年12月27日，十二届全国人大常委会第十八次会议表决通过《中华人民共和国反恐怖主义法》。

又重视安全问题，发展是安全的基础，安全是发展的条件，富国才能强兵，强兵才能卫国；既重视自身安全，又重视共同安全，打造命运共同体，推动各方朝着互利互惠、共同安全的目标相向而行[1]。

3. 颁布《中华人民共和国反恐怖主义法》（以下简称"《反恐法》"）

国无法不治，人无法不立。中国是一个法治国家，任何行为都应以法律为基础，反恐也一样，应当依法反恐。"9·11"事件说明，恐怖主义已成为影响世界和平与发展的突出因素。在这一背景下，针对中国的恐怖事件呈持续高发态势，恐怖主义由新疆向内地蔓延扩张的趋势日渐明显，恐怖主义由局部问题演变成全局性的问题，对国家安全、政治稳定、

---

[1] 《中央国家安全委员会第一次会议召开，习近平发表重要讲话》，中国政府网2014年4月15日，http://www.gov.cn/xinwen/2014-04/15/content_2659641.htm。

社会经济发展、民族团结和公民生命安全构成严重威胁。反恐斗争的形势愈发严峻，立法的重要性和迫切性不言而喻。必须尽快制定一部适应中国反恐斗争实际需要、有中国特色的反恐怖主义法律[①]。2015 年 12 月 27 日，《反恐法》经第十二届全国人民代表大会常务委员会第十八次会议审议通过，自 2016 年 1 月 1 日起施行。

为最大限度地防范、打击恐怖主义，《反恐法》坚持"两手抓、两手都要硬"的原则。一是抓"防范"。反恐工作的重中之重即是"预先防范"，只有将恐怖主义消灭在萌芽状态，才能真正保障社会稳定、人民安居乐业。二是抓"打击"。当恐怖分子实施恐怖行为后，必须尽最大努力严惩犯罪分子，保护人民生命和财产安全，将不良影响降到最低，避免不作为、互相推诿情况的出现。《反恐法》中不仅对恐怖活动组织和人员进行了认定，对安全防范、情报信息等进行了细则陈述，还对调查、应对处置作出明文规定，既厘清了责任，又保障了效果。此外，该法还对国际合作、保障措施、法律责任等方面进行了明确，因而中国在国际社会中进行国际反恐合作具有指导意义。总之，《反恐法》以总体国家安全观为指导，立足中国国情，面向当前和今后国际国内反恐怖斗争的新动向新要求，是中国依法开展反恐工作的总纲领[②]。

（二）理顺机制，完善反恐工作体系

习近平总书记指出，反恐斗争事关国家安全，事关人民群众切身利益，事关改革发展稳定全局，是一场维护祖国统一、社会安定、人民幸福的斗争，必须采取坚决果断措施，保持严打高压态势，坚决把暴力恐

---

① 师维、孙振雷等：《中国反恐怖主义法研究》，北京：中国人民公安大学出版社，2016 年，21 页。
② 同上。

2015 年 12 月，国家民航局和武警部队共同组织的处置劫机事件联合演习在首都国际机场举行。

怖分子嚣张气焰打下去。要建立健全反恐工作格局，完善反恐工作体系，加强反恐力量建设。

1. 健全反恐工作机制

一是成立国家反恐怖工作领导小组。2013 年 8 月 27 日，国家反恐怖工作领导小组第一次全体会议在北京召开，国家反恐怖工作领导小组正式成立。国家反恐怖工作领导小组是 2001 年成立的国家反恐怖工作协调小组的"升级版"。"领导"和"协调"的职责定位有所不同。协调小组侧重于协调相关的反恐职能部门进行反恐工作，调整为领导小组之后，小组的"领导统筹"职能增强，职责范围有所扩大。根据《反恐法》规定，国家设立反恐怖主义工作领导机构，统一领导和指挥全国反恐工作。设区的市级以上地方人民政府设立反恐怖工作领导小组，县级人民

2016 年 8 月 22 日，上海公安特种机动队举行组建以来首次实战模拟演练。该机动队是一支专门应对暴力恐怖袭击和个人极端暴力破坏活动的专业队伍，是中国首支独立建制的特种机动队。

政府根据需要设立反恐怖工作领导小组，在上级反恐怖工作领导机构的领导和指挥下，负责本地区反恐工作。

二是《反恐法》规定，国家反恐怖主义工作领导机构建立国家反恐怖主义情报中心，实行跨部门、跨地区情报信息工作机制，统筹反恐怖主义情报信息工作。做好情报信息工作，并与安全防范形成良性互动，有利于将恐怖袭击消除在发生之前和萌芽状态，避免恐怖活动造成实际危害。

2. 完善反恐工作体系

反恐力量构成包括国家力量和社会力量两部分。国家力量承担专业反恐任务，是反恐的核心力量；社会力量承担协助反恐任务，是反恐的重要辅助力量。中国的反恐力量配置有两个特点：一是重点依靠国家反恐力量。国家和地方各级反恐怖主义工作领导小组、公安机关、国家安全机关、人民检察院、人民法院、司法行政机关、中国人民解放军、中国人民武装警察部队、民兵组织等反恐国家力量按照《反恐法》及相关法律规定，各司其职，互相配合，共同履行国家反恐使命。这一规定既明确了中国人民解放军、中国人民武装警察部队和民兵组织是重要的国家反恐力量的法律属性，也明确了建立武装反恐的工作联动机制[①]。二是有效利用辅助反恐力量。由于恐怖活动"无孔不入"，隐匿在社会的角角落落，反恐实际面临"处置不难发现难"的问题。国际经验和中国反恐实践表明，仅靠单个职能部门难以彻底有效防范和打击恐怖主义活动，反恐工作需要动员全社会力量共同参与，需要各职能部门联动配合。因此，村民委员会、居民委员会、企业事业单位、社会组织等一切可资利用的力量，都应该共同开展反恐工作。

（三）积微成著，打造全民反恐防线

习近平总书记强调，要坚持专群结合、依靠群众，深入开展各种形式的群防群治活动，筑起铜墙铁壁，使恐怖分子成为"过街老鼠、人人喊打"。

1. 打造"全民反恐"的中国特色

当前，"举全国之力"防范和打击恐怖主义已成为中国反恐的最大特色。民众是恐怖分子的主要袭击对象之一，既是恐怖袭击的最大受害者，也是反恐的基层力量和依靠力量。恐怖活动具有手段隐蔽、目标不确定、袭击方式突发多样等特点，仅靠专业力量全面研判和遏制有难度，而群众具有覆盖面广、信息掌握准确快捷的优点，可以弥补专业力量的

[①] 师维、孙振雷等：《中国反恐怖主义法研究》，北京：中国人民公安大学出版社，2016年，50页。

2014 年 7 月，广东省反恐办、广州市反恐办向广州市民派发《公民防范恐怖袭击手册》并讲解反恐知识。

不足。群众积极参与检举揭发暴恐线索，就能对预防恐怖事件的发生起到积极作用。

2. 增强"全民反恐"的自觉意识

2014 年 7 月 22 日，国家反恐办首次编制的《公民防范恐怖袭击手册》，在北京、辽宁、上海、河南、广东、新疆等地同步向民众免费发放。这本共计 45 页的彩印手册，分为"什么是恐怖活动、恐怖组织、恐怖活动人员""遇到恐怖袭击怎么办""紧急情况下如何自救互救"等 42 个具体问题，以文字和漫画相结合的方式，对恐怖活动、恐怖组织、恐怖活动人员等进行界定，并列出有针对性的举措，对提高民众反恐意识具有十分重要的意义。以国家反恐办名义编制公民防恐手册，与国家要形成民众反恐防线的总体反恐战略是密切相关的。在反恐防恐方面，民众的意识可能比技能更重要。只有充分提高安全意识，才能在遇到恐怖突发事件时，最大限度地保护自己的生命财产安全。"全民反恐"并不是要求民众制服恐怖分子，最重要的是发动民众提高安全意识，及时报告可疑情况，并在遭遇恐怖袭击时最大限度地保证自己的生命安全。广大民众长期生活在和平环境中，总体安全防范意识不强，可通过社区演习进一步深化全民安全意识，并把安全意识教育纳入国家义务教育体系[1]。2015 年 7 月 1 日颁布实施的《中华人民共和国国家安全法》规定，今后每年的 4 月 15 日为全民国家安全教育日。

3. 奖励机制常态化

坚持"一切为了群众，一切依靠群众""从群众中来，到群众中去"的群众路线，一直是中国共产党从胜利走向新的胜利的优良传统。对举报恐怖活动或者协助防范、制止恐怖活动有突出贡献的单位和个人，以及在反恐工作中作出其他突出贡献的单位和个人，按照国家有关规定给予表彰、奖励。

三、标本兼治、多措并举，遏制恐怖主义的蔓延扩张

《反恐法》规定，国家将反恐纳入国家安全战略，综合施策，标本兼治，加强反恐能力建设，运用政治、经济、法律、文化、教育、外交、军事等手段，开展反恐工作。2017 年 9 月，习近平主席出席国际刑警组

---

[1] 《反恐群众基础牢靠 防恐需要机制保障 构建专群结合反恐机制势在必行》，http://news.sina.com.cn/c/2014-08-06/050930637274.shtml。

2017 年 9 月 26 日，中国国家主席习近平在北京出席国际刑警组织第 86 届全体大会开幕式并发表题为《坚持合作创新法治共赢 携手开展全球安全治理》的主旨演讲。

织第 86 届全体大会时指出：当今世界，安全问题的联动性、跨国性、多样性更加突出。恐怖主义滋生蔓延受经济发展、地缘政治、宗教文化等多种复杂因素影响，单纯靠一种手段无法从根本上解决问题。因此，反恐需要采取多种方式多管齐下，才能既治标又治本。

（一）落实"去极端化"措施，消灭恐怖主义传播的思想根源和途径

"善除害者察其本，善理疾者绝其源"。在新疆，恐怖主义的"根"是打着宗教旗号的极端思想。若想消除恐怖主义，关键是消除其极端化思想。

1. 立法先行，通过法律和条例推广"去极端化"

近年来，新疆各地、各部门开展形式多样、内容丰富的"去极端化"

2016 年 8 月，"卫士—16·昆仑"反恐维稳战役演习在新疆昆仑山腹地举行，演习首次使用国产直升机在海拔 4000 米以上的高原山区执行实战任务。

教育活动，挽救了一个个被扭曲的心灵，教育了一批批受迷惑的群众，引导更多人擦亮眼睛向"三股势力"宣战。一方面，《反恐法》规定，国家反对一切形式的以歪曲宗教教义或者其他方法煽动仇恨、煽动歧视、鼓吹暴力等极端主义；另一方面，自 2017 年 4 月 1 日起，新疆正式实施《新疆维吾尔自治区去极端化条例》（以下简称"《条例》"），为提高"去极端化"工作能力和水平提供了有力的法制保障。《条例》所称极端化，是指受极端主义影响，渲染偏激的宗教思想观念，排斥、干预正常生产、生活的言论和行为；《条例》所称极端主义，是指以歪曲宗教教义或者其他方法煽动仇恨、煽动歧视、鼓吹暴力等的主张和行为。

2. 尽最大可能压缩恐怖分子的生存空间

铲除孕育恐怖分子的激进意识形态，一是要通过媒体，大力倡导伊斯兰教是一个和平、慈善、宽容的宗教，揭露恐怖分子滥杀平民，甚至不放过妇女儿童的罪恶本质，使公众能够将恐怖分子与宗教人士和信教民众区分开，尽最大可能压缩极端主义滋生蔓延的空间；二是及时删除网上涉恐怖主义信息；三是通过教育，使受极端思想影响的人员放弃激进思想，实现"去极端化"。

3. 揭开恐怖分子打着民族和宗教旗号实施恐怖活动的面具

从国内外反恐斗争的历史看，恐怖分子往往打着所谓"民族自决""民族独立""宗教自由"等旗号，把自己标榜为某个民族的代言人，自诩为某个宗教的捍卫者，妄图披着民族和宗教的外衣，掩盖其分裂主义、极端主义和恐怖主义的本质[1]。"东突"势力一直宣扬要建立"突厥斯坦国"，以此蛊惑具有相同宗教信仰的支持者。由此可见，利用宗教信仰来传播极端主义是"东突"势力核心危害。对"东突"势力的任何姑息纵容，导致的伤害将不仅仅限于中国和中国人民，也包括其他相关国家及其人民。因此，国际社会必须将"去极端化"作为反恐合作的重要内容，真正从根源上打击恐怖主义。

4. 准确把握极端化与非极端化的政策界限

新疆、西藏地区少数民族较为集中，宗教信仰氛围较为浓厚。恐怖事件的起因往往涉及复杂的政治、经济、民族、宗教等因素，其政治性、敏感性较强。反恐处置行动受这些因素的影响较大，国际国内关注度较高，政策界限尺度难以把握，处置不当将会给恐怖分子提供把柄，使事态进一步扩大，产生消极影响[2]。因此，"去极端化"应当准确把握民族习俗、正常宗教活动与非法宗教活动和极端化行为的界限，区分性质，分类施策，坚持团结教育大多数、孤立打击极少数。同时，呼吁国际社会不要恐惧、妖魔化伊斯兰教和穆斯林。要发挥爱国宗教人士作用，加

---

① 《防范和应对恐怖主义活动知识读本》，北京：人民日报出版社，2015年，124页。

② 李本先、周艳萍、梅建明等：《10·28恐怖事件对我国反恐工作的启示》，《中国人民公安大学学报》2007年第3期，74—78页。

为消除群众生活贫困这一影响新疆稳定的重要因素之一，新疆实施了特色产业带动、转移就业、易地搬迁等一系列脱贫举措。图为位于新疆阿克苏地区库车县的一家制衣厂，吸纳了附近乡镇的 600 名贫困户和农村富余劳动力前来就业。

强对信教群众的正面引导，既满足他们的正常宗教需求，又有效抵御宗教极端思想的渗透。

（二）发展经济、消除贫困，消除恐怖主义滋生的土壤

贫穷与落后是滋生恐怖主义的温床。恐怖主义之所以在新疆地区多发，与恐怖分子利用当地经济状况尤其是喀什、和田等地的贫困状况，进行歪曲蛊惑有一定的关系。因此，发展经济、不断提高人民的生活水平，在一定程度上可以减少部分群众易被恐怖分子利用的问题。

2013 年 11 月，习近平总书记到湖南湘西考察时，首次作出了"实事求是、因地制宜、分类指导、精准扶贫"的重要指示。新疆各地按照中央精准扶贫的指导思想，结合当地的实际情况，针对不同贫困区域环境、不同贫困农户状况，制定、实施精准扶贫政策，并将重点放在解决

2017 年 12 月，重庆市举行以"反恐防暴——走进学校"为主题的反恐宣传教育活动。图为大学生体验反恐防暴设备。

喀什、和田等恐怖主义活动"重灾区"的贫困问题上。

2017 年以来，喀什地区按照贫困户每户转移就业 1 人的工作要求，全面推进贫困劳动力转移就业工作。2017 年 1 月至 10 月，全地区贫困家庭劳动力就业 9.5 万人，消除"零就业"贫困家庭 6425 户，"零就业"贫困家庭实现转移就业人数达 8943 人。2017 年 12 月前，和田地区就地就近转移农村富余劳动力近 10 万人次；向援和省市和长期建立劳务合作关系省市企业有组织转移农村富余劳动力 3700 多人次；"零就业"贫困家庭实现转移就业 2086 人次。同时，喀什地区按照"大众创业、万众创新"的部署，积极推进喀什市、莎车县自治区级创业型县市和创业孵化基地建设。全地区 67 个创业孵化基地，进驻个体工商户和企业 677 个。其中叶城县实施的小商店、小作坊、小饭店等"十小工程"带动就业 6200 人，成为"大众创业、万众创新"的典范工程……就业扶贫极大地增强了贫困劳动力"造血"功能。当喀什、和田等恐怖主义活动"重灾区"的经济发展了，年轻人"有事做了"，人民生活改善了，恐怖主义自然也就离得远了。

（三）防范与打击相结合，有效应对恐怖主义活动

中国在应对"东突"恐怖势力活动中坚持实行预防与打击相结合的重要策略。

1. 预先防范是重中之重

"东突"势力的存在具有深刻的思想根源与历史背景，当尚未完全消除其思想根源时，预防工作尤为重要。可以说，反恐工作的重中之重就是"未雨绸缪"、防患于未然。

一是各级人民政府、学校、新闻媒体等相关部门积极组织开展反恐怖主义宣传教育，将恐怖活动预防、应急知识纳入教育、教学内容，不断提高公民的反恐意识。二是限制公民个人持有武器和爆炸物，并对枪支、弹药、管制器具、危险化学品、民用爆炸物品、核与放射物品实行严格管制，凡上述危险物品必须作出电子追踪标识，民用爆炸物品必须添加安检示踪标识物。严禁任何单位和个人非法制作、生产、储存违禁物品。三是对陆海空的货运和邮政、快递等单位及客户实行严格的安全查验制度，存在重大安全隐患的物品不得运输、寄递。四是加强网络管控，防止含有恐怖主义、极端主义信息的传播。

总之，预防主要着眼于长线目标。预防时需要综合运用政治、法律、社会、经济、文化等多种力量，坚持在防范恐怖主义的斗争中贯彻综合治理的原则，全方位地瓦解诱发恐怖主义的社会土壤，摧毁培育极端思想的温床，把预防恐怖主义的触角延伸到前端、延伸到基层、扩展到社

2016 年 7 月，中越"天清—2016"联合反恐演练在中越边境"天保—清水"口岸举行，旨在为中越边境打击恐怖主义活动的合作建立新的应急机制。

会生活的方方面面。只有这样，才能从根源上降低恐怖主义的风险[1]。

2. 毫不留情打击恐怖主义活动

《反恐法》规定，反对一切形式的恐怖主义，依法取缔恐怖组织，对任何组织、策划、准备实施、实施恐怖活动，宣扬恐怖主义，煽动实施恐怖活动，组织、领导、参加恐怖活动组织，为恐怖活动提供帮助的，依法追究法律责任。

一是对恐怖主义活动的打击必须"稳、准、狠"，不能被恐怖分子的假象迷惑，出现对恐怖分子同情或纵容的情况。二是追击恐怖分子及其资助者绝不手软，全力切断恐怖组织的资金来源。金融机构和特定非

---

[1] 李本先、周艳萍、梅建明等：《1028 恐怖事件对我国反恐工作的启示》，《中国人民公安大学学报》2007 年第 3 期，74—78 页。

金融机构要履行反恐融资的责任和义务。三是重视境内外恐怖势力勾连的情况。各级人民政府和军事机关在重点国（边）境地段和口岸设置拦阻隔离网、视频图像采集和防越境报警设施；海关、出入境边防检查机关高度警惕恐怖活动的发生，并对边境人员、物品进行严格查验，对境外恐怖分子做到"严防死守"。四是提高应对袭击的警备状态，在全国举行反恐演习。五是将重点敏感地区的反恐成绩纳入对领导干部的考核任用体系。总之，要时刻保持对恐怖活动"零容忍"的高压态势，重拳出击，打击恐怖活动嚣张气焰，遏制恐怖主义发展势头。

当前，反恐斗争形势依然严峻，其尖锐性、复杂性、长期性依然突出。中国始终保持战略定力和底线思维，统筹国内国际两个大局，坚持严打方针不动摇，坚持标本兼治、重在治本，坚持专群结合、群防群治，充分发挥政治优势和制度优势，统筹各方力量，打好主动仗、攻坚仗、持久仗、整体仗，把恐怖活动摧毁在预谋阶段、制止在行动之前，确保国家长治久安、人民幸福安宁。

第二节
中国努力促进国际反恐合作的不断深化

当前，国际社会仍面临十分严峻的恐怖威胁，恐怖主义对世界和平与稳定构成的危害日益严重。在这一背景下，中国除对本土恐怖主义进行重点防范和打击之外，还积极支持联合国发挥反恐主导作用，并通过区域、双边反恐合作等途径，与国际社会齐心协力，共同打击国际恐怖主义。

一、中国积极支持发挥联合国在国际反恐合作中的主导作用

第二次世界大战后，德意日法西斯被彻底终结。为保证人类永不再战，美苏中英四国倡导成立联合国，制定《联合国宪章》，开创了新的国际秩序。联合国自成立以来，作为最具普遍性、代表性、权威性的国际组织，在维护和平与安全、促进发展等方面发挥了重要作用，在反恐领域也颇有建树。

（一）维护联合国权威地位，推动各项"反恐"公约落地

截至 2015 年，中国已经加入或批准 13 个联合国反恐公约中的 12 个，这充分显示了中国对加强反恐国际合作的重视[①]。

1. 坚决支持发挥联合国在国际反恐合作中的核心作用

中国作为联合国的创始会员国，是安理会五个常任理事国之一。中国高度评价联合国在国际事务中的核心作用。2013 年 6 月 19 日，习近平主席在会见联合国秘书长潘基文时指出，"联合国承载着各国人民的期望，肩负着诸多重大使命"，并表示"中国是联合国安理会常任理事国，这不是权力，更是一份沉甸甸的责任"。

中国主张在联合国的主导下，维护世界和平与安全。中国呼吁反恐国际合作应当在联合国的框架内进行，坚定支持并积极参与国际反恐斗争，推动联合国发挥主导作用，维护联合国在国际反恐事务上的权威。

2006 年 9 月通过的《联合国全球反恐战略》是全体会员国首次就共同反恐战略达成一致，宣示一切形式和表现的恐怖主义都不可接受，应防止并打击恐怖主义。联合国职能能否充分发挥，影响着国际反恐能否有效进行[②]。此外，国际反恐努力应尊重当事国主权，当事国应承担起反恐的主体责任，国际反恐合作应当遵循《联合国宪章》宗旨和原则，发挥联合国及安理会的主导作用。中国将继续积极参与联合国及安理会框架下的国际反恐合作，切实打击恐怖主义。

2010 年 11 月 15 日，中国常驻联合国副代表王民在安理会会议上表示，中国支持安理会反恐委员会、1267 委员会和 1540 委员会在各自授权范围内积极参与反恐执行工作组的相关工作，推动平衡落实《联合国

---

① 师维、孙振雷等：《中国反恐怖主义法研究》，北京：中国人民公安大学出版社，2016 年。
② 同上。

2012 年 6 月 28 日，中国常驻联合国副代表王民在联大会议上发言时说，中国支持全面落实联合国《全球反恐战略》，支持联合国各机构在落实反恐战略方面加强相互协调与合作。

全球反恐战略》四大支柱，同时希望三个委员会在工作中更加关注发展中国家的反恐需求，积极推动向发展中国家提供援助。

中国坚持认为，在恐怖主义日趋全球化的状态下，国际社会必须加强反恐合作，在现实领域和互联网平台双管齐下，打击极端主义思想传播，并不断积极推动和促进联合国安理会发挥更大作用，在提高各国反恐能力基础上，真正形成国际反恐合力，遏制恐怖主义的发展和蔓延[①]。

2. 积极推动联合国各项反恐公约和决议的通过

中国积极参与制订关于开展国际合作以应对恐怖主义对国际和平与

① 《2018 国际展望：国际反恐势在必行》，中国新闻网 2018 年 1 月 2 日，http://www.chinanews.com/gj/2018/01-02/8414510.shtml。

安全威胁的联合国安理会第 1373（2001）号决议。该决议要求各国须迅速采取有效措施，防止和制止资助恐怖主义行为。决议的主要内容包括：对以任何手段，直接或间接为恐怖活动提供或筹集资金的人或事，各国应将其定为犯罪；立即冻结协助、资助和参与恐怖行为的个人和实体的各类资产；禁止为协助、资助和参与恐怖行为的个人和实体提供任何资金和金融资产及有关服务；各国不得向参与恐怖行为的实体或个人提供任何支持和帮助；应将恐怖行为定为重罪，并确保将恐怖分子绳之以法；各国应为调查和起诉恐怖主义行为相互给予最大程度的协助；有效加强边界管制和证件签发等，防止和控制恐怖分子的跨国移动；在安理会设立监督委员会，监测各国执行决议的情况。中国积极参与制定关于打击恐怖主义的国际合作问题的第 1269（1999）号决议（联合国安理会于1999 年 10 月 19 日通过该决议），积极参与制订对有关恐怖组织从事非法石油贸易、文物和武器走私、金融交易及利用互联网进行恐怖活动等加强制裁措施的第 2199（2015）号决议（联合国安理会于 2015 年 2 月12 日通过该决议）。诸如此类，不胜枚举。

3. 中国在国际反恐合作中的作用得到肯定

2017 年 11 月 16 日，正在英国伦敦访问的联合国秘书长古特雷斯在接受采访时，呼吁全球加强反恐合作，并对中国在国际反恐合作中作出的努力给予肯定，希望中国在这一领域继续发挥作用。

（二）发挥大国作用，在联合国大会发表中国的反恐主张

中国坚持认为，任何恐怖主义行为，不论动机如何，在何地、何时发生，由何人所为，都是不可开脱的严重犯罪行为。国际社会对恐怖主义、分裂主义、极端主义这三股势力必须采取零容忍、无差别态度，不论恐怖分子身在何地、打着什么旗号、针对任何国家、采取何种手段，都必

须坚决予以打击。

2018年2月13日，联合国安理会召开反恐及保护关键基础设施免遭恐怖袭击问题公开会。中国常驻联合国代表马朝旭在发言时表示，恐怖主义是全人类的公敌，恐怖行为威胁国际和平与安全。面对恐怖主义威胁，各国命运休戚与共。国际社会应当树立命运共同体意识，针对恐怖主义发展的新趋势和新特点，加强合作、共同应对。

中国代表在联合国及安理会的会议上反复强调，面对恐怖主义各种形式的威胁，应倡导鲜明的是非标准，反对"双重标准"，推动国际社会按照《联合国宪章》宗旨和原则及其他公认的国际关系基本准则，加强合作，进一步打击恐怖主义。如2013年1月15日，中国外交部副部长崔天凯在安理会"采取综合措施打击恐怖主义"问题的会议上发言表

2016年6月6日，联合国维和特派团高级官员培训班在北京开班，这是中国首次举办联合国维和特派团高级官员培训班。

示，恐怖主义是人类公敌，无论何人，在何时何地，以何种借口进行恐怖活动，都应受到明确反对和坚决打击，而不应被区别对待。

中国主张，国际社会应合力应对滋生恐怖主义的根源性问题。一是国际社会应帮助发展中国家实现经济社会发展和减贫脱贫。二是打击恐怖主义不应以意识形态划线，不应将恐怖主义与特定国家、政府、民族或宗教挂钩。应加强不同文明和宗教之间的平等对话，采取综合手段消除恐怖主义滋生的土壤。三是各国应采取具体措施，防止恐怖作战人员流动，阻遏恐怖和极端思想传播。各国应加强边境管控和执法合作。联合国反恐机构和有关国际组织应充分发挥作用，在尊重会员国主权前提下，根据会员国具体需求，协助其加强应对恐怖作战人员流动的能力建设。四是当前恐怖组织和恐怖分子利用新的信息和技术手段，包括利用互联网煽动、招募、资助或策划恐怖袭击的动向明显，国际社会应当关注恐怖主义发展的新趋势，加大打击利用互联网传播极端思想、从事恐怖活动的行为。五是切实落实安理会第 2341 号等相关决议，保护关键基础设施免受恐怖袭击。会员国应切实执行安理会相关决议，确定相关安全政策，采取具体措施，将对关键基础设施的恐怖袭击作为高风险因素，建立安全预警和应急处置机制。各国应承担起保障基础设施安全的责任，加强国内立法，将针对基础设施发动恐怖袭击的责任方绳之以法。国际社会应不断强化保护关键基础设施领域的国际合作，帮助发展中国家加强相关能力建设。

不难看出，中方提出的一系列主张与措施，不仅针对恐怖主义的行为，解决"治标"问题，还针对恐怖主义滋生的根源，解决"治本"的问题。

（三）支持提升联合国维和行动的地位

自 1990 年首次参与联合国维和行动至今，中国已成为联合国维和行动的坚定支持者和积极参与者，是安理会五个常任理事国中派遣维和

1990 年以来，中国已向世界各地的联合国维和行动派遣了 35000 多人。图为 2018 年 9 月 11 日，中国第九批赴南苏丹（瓦乌）维和部队第一梯队 165 名官兵，从郑州出发前往南苏丹（瓦乌）任务区，执行为期一年的维和任务。

人员最多的国家。未来，中国将进一步履行大国责任，更积极参与联合国维和行动，推动联合国维和行动改革，为维护世界和平与发展作出更大贡献[①]。

放眼未来，联合国维和行动的重要性、必要性和紧迫性还将进一步提升。这是因为金融危机爆发以来，世界经济发展明显失速，地区安全结构日益失衡，一些国家的治理模式也进退失据，各国内部的困难和各国之间的矛盾均不同程度地激化，爆发冲突的可能性大大提升。特别是中东、北非等地区已出现宗教派别严重对立、暴恐活动泛滥成灾的不祥苗头，若不及时遏止，必然后患无穷[②]。而联合国作为最具权威性与合

① 王鸿刚：《坚持标本兼治 实现持久和平》，《光明日报》2015 年 9 月 29 日。

② 同上

法性、能力最全面、经验最丰富的国际维和力量，毫无疑问是维护全球和平与安全的中坚力量。

2015年9月28日，习近平主席在纽约联合国总部出席第70届联合国大会一般性辩论并发表题为《携手构建合作共赢新伙伴 同心打造人类命运共同体》的重要讲话。习近平主席宣布，中国决定设立为期10年、总额10亿美元的中国—联合国和平与发展基金，支持联合国工作，促进多边合作事业，为世界和平与发展作出新的贡献。中国将加入新的联合国维和能力待命机制，决定为此率先组建常备成建制维和警队，并建设8000人规模的维和待命部队。

总之，中国坚持走和平合作发展的道路，将始终做国际秩序的维护者，继续维护以《联合国宪章》宗旨和原则为核心的国际秩序和国际体系。

二、中国在推进区域反恐合作中发挥重要作用

恐怖主义国际化发展的同时，区域化活动的特征也十分明显。在坚持全球性反恐合作的同时，针对区域恐怖活动特点，强化区域性反恐合作仍然非常重要。

（一）上海合作组织反恐合作促进了地区安全

2001年6月15日，中、俄、哈、吉、塔、乌6国在上海成立永久性政府间国际组织"上海合作组织"。它是冷战结束后新型的不针对第三方的国际合作组织，既强化成员国的经贸合作，也重视反恐安全合作，不断促进地区的和平与发展。上海合作组织在反恐领域的成功合作，被视为区域性国际组织合作反恐的典范。

一是签署反恐公约。2001年6月15日，六国元首举行首次会议，

2010 年 12 月，上海合作组织成员国国防部反恐经验交流研讨会在北京国防大学举行。

签署《上海合作组织成立宣言》，上海合作组织正式成立。此次峰会还签署《打击恐怖主义、分裂主义和极端主义上海公约》。上海合作组织尤其重视并尽一切必要努力保障地区安全。成员国为落实《打击恐怖主义、分裂主义和极端主义上海公约》紧密合作。2006 年上海合作组织峰会由中方主办，峰会签署了《上海合作组织成员国元首理事会关于批准＜上海合作组织成员国打击恐怖主义、分裂主义和极端主义 2007 年至 2009 年合作纲要＞的决议》《关于在上海合作组织成员国境内组织和举行联合反恐行动的程序协定》《关于查明和切断在上海合作组织成员国境内参与恐怖主义、分裂主义和极端主义活动人员渗透渠道的协定》等多份文件。

二是设立地区反恐怖机构执行委员会。为高效应对恐怖主义问题，在上海合作组织内部设立了专门的反恐怖机构。除工作联络和交流、制定文件、收集和分析涉恐情报之外，反恐怖机构执行委员会的一项重要任务就是加强各成员国在应有关成员国请求准备和举行反恐演习，以及准备和举行打击恐怖主义、分裂主义、极端主义的缉捕和其他行动中的协作。通过上海合作组织成员国之间的合作与支持，成员国能够更加有效地打击该地区存在的恐怖势力，使该地区安全形势处于相对较好的状态[①]。

三是加强成员国之间的交流合作，共同打击恐怖主义。交流合作的内容包括：交换关于恐怖主义及其相关组织、集团和个人正在准备或已经完成的行动的信息；交换关于非法筹备、获取、保存、传播、转移、销售和使用有毒、有害、爆炸物品、放射物质、武器、爆炸装置、火器、弹药、核武、化学、生物及其他形式的大规模杀伤性武器及其组件的信息；交换关于资金支持来源的信息；交换关于实施业务侦查措施的信息；就预防、侦测和消除恐怖主义活动采取统一措施；交换反恐法律准则和资料；交换工作经验；通过各种形式培训、再培训以提高反恐专家的业务水平。

四是接纳新成员，扩大反恐阵线。2015年7月10日，上海合作组织成员国元首理事会第十五次会议在俄罗斯乌法举行。乌法峰会通过关于启动接收印度、巴基斯坦加入上海合作组织程序的决议，上海合作组织扩员的大门正式打开。2017年6月11日，上海合作组织成员国元首理事会第十七次会议在哈萨克斯坦阿斯塔纳举行，印度和巴基斯坦成为正式成员。这是上海合作组织2001年成立以来首次扩员。随着上海合作组织的扩大，以及与观察员国和对话伙伴国合作的加强，该组织影响力不断提升。

---

① 维克托·V. 拉姆拉伊、迈克尔·荷尔、肯特·罗奇、乔治·威廉姆斯：《全球反恐立法和政策》，杜邈等译，北京：中国政法大学出版社，2016年，303页。

2018 年 8 月 24 日，"和平使命—2018"上海合作组织联合反恐军事演习在俄罗斯切巴尔库尔训练基地开幕。图为联合反恐实兵实弹演习在车里雅宾斯克州打响。

五是经常开展反恐演习。2006 年 8 月 26 日，上海合作组织框架内中哈联合反恐演习"天山—1 号（2006）"第二阶段中方演习在新疆伊宁市举行。2019 年 12 月 12 日，根据上海合作组织地区反恐怖机构理事会有关决议，上海合作组织"厦门—2019"网络反恐联合演习在厦门举行。这是上合组织继 2015 年 10 月、2017 年 12 月后举行的第三次网络反恐联合演习。上合组织地区反恐怖机构执委会主任吉约索夫表示，此次演习检验了上合组织各成员国主管机关在发现、处置和打击恐怖主义网上活动方面的法律法规、工作流程、技术手段和执法能力，交流了经验做法，进一步提高了各成员国在上合组织地区反恐怖机构执委会的协调下共同打击地区性恐怖组织的能力，对于有效应对当前新安全新挑战具有十分重要的意义。

上海合作组织是各成员国旨在维护和巩固地区和平、安全和稳定，

2018年4月23日，中国国家主席习近平在北京人民大会堂集体会见上海合作组织成员国国防部长。

促进建立民主、公正、合理的国际政治、经济新秩序的一个多分支合作机制。在上海合作组织中，成员国一律平等，每一个成员国的意见都会得到认真对待。上海合作组织的开放性、透明性，以及不断扩展的伙伴关系，使之成为新时代推动国际合作的一股强有力的力量。

2018年4月23日，习近平主席在集体会见上海合作组织成员国国防部长时指出，上海合作组织成立近17年来，走过了不平凡的发展历程，成为具有广泛影响的综合性区域组织。成员国全面推进各领域合作，在国际和地区事务中积极发挥建设性作用，树立了相互尊重、公平正义、合作共赢的新型国际关系典范。当前，上海合作组织在政治、经济、安全、人文、对外交往、机制建设六大领域合作稳步推进，整体合作水平不断提升。习近平强调，中方一贯将推动上海合作组织发展作为外交优先方向之一。新形势下，我们一要不忘初心，坚定弘扬"上海精神"；

二要发挥优势，充分释放扩员潜力；三要开拓进取，锐意推进全面合作。中方愿同各成员国一道，政治上继续相互支持，贡献"上合智慧"和"上合方案"；安全上维护地区安全稳定，提升协调水平和行动能力；经济上深化"一带一路"合作，逐步建立区域经济合作制度性安排；扩大人员往来和人文交流，促进民心相通。

（二）亚太经合组织反恐合作进展迅速

亚太经合组织（APEC）是亚太地区层级最高、领域最广、最具影响力的经济合作机制。2001 年上海会议推动亚太经合组织在多边贸易体制发展、人力资源能力建设、电子 APEC、新经济及反恐合作等多个领域取得积极进展，达成了旨在加速实现茂物目标的上海共识。亚太经合组织在反恐领域的合作主要包括以下几个方面。

一是发表反恐声明。"9·11"事件后，亚太经合组织各成员领导人于 2001 年 10 月 21 日联合发表反恐声明，强调必须全面加强各层次、综合性的国际反恐合作，重申联合国应在此方面发挥主导作用；呼吁各国恪守《联合国宪章》和其他国际法，防止、制止一切形式的恐怖活动，迅速、有效执行安理会第 1368 和第 1373 号决议，支持一切旨在加强国际反恐机制的努力，呼吁加强合作将凶手绳之以法，呼吁尽快签署并批准包括《禁止资助恐怖主义的国际公约》在内的所有国际反恐公约；强调加强各成员的能力建设和经济技术合作，以协助每一成员能确定和实施有效的反恐措施；承诺进行全面合作，加强经济与金融部门的相互沟通，确保经济与市场不受国际恐怖主义的干扰。

二是设立反恐工作组。反恐工作组是 APEC 框架下重要的反恐合作平台，在维护地区安全稳定、推动地区经济发展繁荣方面发挥着积极作用，有关工作取得积极进展，成果显著。中国积极参与 APEC 反恐领域各项工作。2014 年 8 月 8 日，中国外交部涉外安全事务司司长刘光源率代表团出席在北京举行的 APEC 反恐工作组第三次会议。刘司长强调中国政府坚决依法打击一切形式的恐怖主义活动，主张标本兼治、综合治理，消除滋生恐怖主义的土壤。

三是提高反恐地位并采取有效反恐措施。2015 年 11 月 19 日，亚太经合组织第二十三次领导人非正式会议发表的宣言中罕见地加入了反恐内容，打破了 APEC 的常规，因为 APEC 通常聚焦贸易和商业问题。宣言强调国际社会团结合作打击恐怖主义的紧迫性和必要性，强调不能让恐怖主义威胁建立自由开放经济的信念。宣言称，经济增长、繁荣是根除恐怖主义和极端主义存在土壤的最有效措施之一。宣言赞扬 APEC 经济体打击恐怖融资及阻止恐怖分子流动的努力，并鼓励各经济体全面落实《亚太经合组织反恐和贸易安全战略》，继续采取集体和单独行动，并分享最佳实践，确保基础设施、旅行、供应链、金融系统的安全和不受恐怖活动的影响。

2017 年 11 月 11 日，亚太经合组织第二十五次领导人非正式会议宣言指出，"我们对亚太地区日益增多的恐怖主义威胁深表忧虑。这些威胁来自'伊斯兰国''基地'和其他恐怖主义组织，并因恐怖分子跨境流动和恐怖主义融资来源扩大而加重。APEC 成员决心以《反恐和贸易安全战略》为指引，持续有效地应对本地区面临的恐怖主义挑战及其经济影响。"

（三）促进金砖国家的反恐部署与安排

金砖反恐工作组是金砖国家在反恐领域建立的首个合作机制，于 2016 年 9 月在印度新德里启动并举行首次会议。2017 年 5 月 18 日，金砖国家反恐工作组第二次会议在北京举行。各方普遍认为，金砖国家在反恐领域具有广泛共同利益和广阔合作空间，应充分利用好金砖国家反

2017 年 9 月 4 日，金砖国家领导人第九次会晤在厦门举行，签署了《厦门宣言》。宣言重申团结一致打击恐怖主义。图为会晤开始前，与会领导人合影。

恐工作组机制这一平台，逐步扩大在反恐情报、执法、能力建设、海外利益安全保护等领域的务实合作，加强在多边场合的沟通协调，共同为国际反恐斗争贡献"金砖力量"[1]。

2016 年 10 月 16 日，金砖峰会通过的《果阿宣言》共 11 页 109 条，主要涉及推动建立独立评级机构、提升新兴经济体影响力和应对恐怖主义威胁等几个重要议题。

2017 年 6 月 18 日，金砖国家外长会晤在北京举行。此次会晤强调了气候变化、贸易和打击恐怖主义等问题。中国外交部长王毅表示，金砖国家将继续携手工作，共同解决全球性问题，如恐怖主义、气候变化等。

2017 年 9 月 4 日，《金砖国家领导人厦门宣言》重申团结一致打击

---

[1] 《金砖国家反恐工作组第二次会议在北京举行》，中国外交部网 2017 年 5 月 18 日，http://www.fmprc.gov.cn/web/wjbxw_673019/t1463196.shtml.

恐怖主义，呼吁所有国家综合施策打击恐怖主义，包括打击极端化以及包括外国恐怖作战人员在内的恐怖分子的招募与流动；切断恐怖主义融资渠道，包括通过洗钱、武器供应、贩毒、刑事犯罪等方式的有组织犯罪；摧毁恐怖组织基地；打击恐怖主义实体滥用包括社交媒体在内的最新信息通信技术。

三、中国推进双边反恐的务实合作

除全球性和区域性反恐合作外，双边反恐合作也是国际反恐合作的重要形式之一。中国不断与其他国家展开务实的反恐双边合作，并取得积极成效。

（一）中俄双边反恐合作不断深化

中国和俄罗斯一直注重在反恐领域加强合作，并取得有效成果，对双边反恐起到极大的促进和推动作用。

一是建立反恐合作机制。2001 年 11 月 28 日至 29 日，中俄反恐工作组第一次会议在北京举行。双方就国际反恐斗争形势、加强两国反恐合作和阿富汗反恐形势等问题深入交换了意见，并达成广泛共识。双方一致认为，打击恐怖主义是一项系统和长期的工作，各国在此领域的合作应基于《联合国宪章》和其他国际法准则，并采取广泛的反恐措施。双方重申恐怖主义威胁国际、地区和平与安全，影响世界经济发展。双方强调不应将恐怖主义等同于某一宗教、民族或文明，也不应在反恐问题上采取双重标准。双方表示愿意开展合作、相互支持，打击一切形式的恐怖主义，无论其出现在何地，由谁组织。

2004 年 1 月 15 日，中俄反恐工作组第四次会议在莫斯科举行。双方重申车臣和"东突"恐怖分裂分子是国际恐怖主义的组成部分。中方支持俄方打击车臣恐怖势力，俄方支持中方打击"东突"恐怖势力。双方强调联合国在国际反恐斗争中应发挥主导作用，重申应继续加强、完善多边国际合作机制和国际法，并主张尽快完成联合国有关打击国际恐怖主义的文件起草工作。

二是签署反恐协定。2016 年 11 月 14 日，俄罗斯国家杜马批准了《俄罗斯联邦和中华人民共和国关于打击恐怖主义、分裂主义和极端主义的合作协定》。根据这份协定，两国将共享预防和打击恐怖主义、分裂主义和极端主义犯罪行为的信息，包括非法制造、持有和贩卖宣传材料、武器、弹药和爆炸装置方面的情报。俄中两国还将交换有关犯罪组织融资来源、渠道，以及他们利用核材料和有毒物质等策划恐袭的信息。协定规定双方定期举行会晤和磋商，还规定了两国在边境地区的联合行动。俄国家杜马国际事务委员会成员谢尔盖·热列兹尼亚克表示："应对恐怖主义威胁无疑是两国的优先任务。该协定为俄罗斯和中国开展双边反恐合作奠定了法制基础。"据俄新社报道，俄罗斯副外长奥列格·瑟罗莫洛托夫在国家杜马发表讲话时指出："与北京建立战略协作伙伴关系是俄罗斯的优先工作之一。中国是俄罗斯最重要的伙伴，是俄罗斯在反恐等国际事务中的亲密同道者。这在日益尖锐化的国际形势下具有特殊意义。双边反恐合作近期活跃发展并非偶然，落实这份协定将为积极推动双边合作提供更多的法制条件和空间。"

三是开展联合反恐军演。中俄"海上联合"系列军演自 2012 年开始已连续 8 年举行，是中俄双边框架内最大规模的海上联合演习。其中，2014 年 5 月 20 日，中国国家主席、中央军委主席习近平同俄罗斯总统普京一起在上海吴淞海军军港出席"海上联合—2014"中俄海上联合军事演习开始仪式。香港《明报》报道称，"两国元首联袂出席，这在中

2017年9月25日，中俄"海上联合—2017"第二阶段演习在俄罗斯符拉迪沃斯托克圆满结束，图为联合导演部、联合指挥部中俄军官影留念。

俄军演史乃至世界军演史上都是前所未有的。"

2019年4月29日至5月4日，中俄"海上联合—2019"联合军事演习在中国山东青岛附近海空域举行。这次海上联演的课题是"海上联合防卫行动"。联演旨在巩固发展中俄全面战略协作伙伴关系，深化两军友好务实合作，增强两国海军共同应对海上安全威胁的能力。

（二）中美推进双边反恐合作

作为当今世界最大的两个经济体，中美双方都需要维护国际社会的安全和稳定。"9·11"事件后，中美在反恐问题上找到共同战略基础。澳大利亚前总理、"中国通"陆克文就曾表示："恐怖主义是中美两国共同的敌人，反恐是中美的共同利益，反恐合作将成为中美关系发展的新的政治和安全资产。"

一是双方的元首反恐外交。2015年，习近平主席访问美国，与时任美国总统奥巴马进行会晤，重点就反恐领域进行讨论磋商。双方均认为，

2016 年 7 月 19 日，参加"环太平洋—2016"演习的中国海军导弹护卫舰衡水舰与美国海岸警卫队斯特拉顿号炮舰在夏威夷海域联合演练反恐反海盗科目。

恐怖主义对国际和地区稳定与安全的威胁进一步上升，中美加强反恐领域合作的必要性、紧迫性增强。双方重申反对一切形式的恐怖主义，呼吁国际社会按照《联合国宪章》和国际关系基本准则，积极开展反恐国际合作，有力打击恐怖主义。双方同意本着相互尊重、平等合作原则，加强在反恐情报信息交流、打击网络恐怖主义、防范外国恐怖作战分子跨境流窜、反恐怖融资、去极端化等具体领域务实合作。

2017 年 9 月，习近平主席与美国总统特朗普在北京人民大会堂举行会谈时指出，网络安全是中美重要合作领域，希望双方在网络反恐和打击网络犯罪方面开展更多合作。

二是建立反恐合作机制。2014 年 7 月 15 日，首次中美副外长级反恐磋商在华盛顿举行。双方一致谴责并坚决反对一切形式的恐怖主义，共同致力于加强反恐合作。2015 年 8 月 4 日，中美第二次副外长级反恐磋商在北京举行。双方就打击网络恐怖主义、反对暴力极端主义等共同关心的问题坦诚交流并达成重要共识。2016 年 10 月 25 日，中美第三轮副外长级反恐磋商及第二次中美打击简易爆炸装置问题研讨会在华盛顿举行，磋商的议题包括地区恐怖主义威胁、航空安全、信息共享、边境安全、保护人权以及打击极端暴力主义等。

　　2015 年 4 月，中国公安部与美国国土安全部在北京举行首次部级会晤。双方同意在《联合国宪章》和国际关系基本准则基础上开展国际反恐合作，继续落实安理会有关决议。双方同意在涉及外国恐怖作战人员等领域的反恐情报交流、边境管控、反对恐怖融资、网络反恐、反暴力极端主义等方面加强合作。双方将通过中国公安部与美国国土安全部部级会晤、中美副外长级反恐磋商、中美执法合作联合联络小组等机制平

2010 年 7 月，代号为"友谊—2010"的中国巴基斯坦反恐联合训练在中国宁夏举行。

台，更加密切合作打击全球恐怖主义。双方将加强情报信息交流和个案调查合作，防止简易爆炸装置化学品前体和制爆零件的非法扩散。

三是加强反恐情报合作力度。2015年9月，中国驻芝加哥总领事赵卫平在东伊利诺伊大学演讲时表示，中美两国已"同意在广泛议题上加强反恐合作，包括如何应对外国恐怖作战分子跨国流窜、打击恐怖融资网络、加强有关恐怖威胁情报信息交流"。

（三）中国与南亚国家的双边反恐合作

中国和南亚国家的双边反恐合作进展顺利，促进了双边的信任和理解，强化了双边的安全合作。

1. 中国与巴基斯坦的反恐合作不断深化

一是联合进行军事演习。2004年8月6日，中国人民解放军与巴

2017年12月26日，首次中国—阿富汗—巴基斯坦三方外长对话在北京钓鱼台国宾馆举行，三方同意加强反恐协调与合作，不加区别地打击一切恐怖组织和恐怖分子。

基斯坦武装部队在新疆帕米尔高原中巴边境地区成功举行了代号为"友谊—2004"的联合反恐军事演习。这次演习是两国军队首次联合反恐军演，对于遏制和打击恐怖势力、分裂势力和极端势力，维护地区安全与稳定，扩大两国在非传统安全领域的交流与合作，提高两军联合反恐作战能力具有积极意义。2015 年 12 月 8 日，中巴"友谊—2015"反恐联合训练在宁夏青铜峡训练基地举行开训仪式。此次联训是中巴陆军开展的第 5 次反恐联合训练，双方参训兵力各 100 人，旨在提高两军联合反恐、共同应对非传统安全威胁的能力。

二是共同合作打击恐怖分子。2015 年 10 月 18 日，出席香山论坛的巴基斯坦国防部长赫瓦贾表示，在打击恐怖主义方面，巴基斯坦和中国有共同的敌人。

2. 中国与阿富汗进行更加全面的反恐合作

2017 年 11 月 7 日，中国外交部部长助理李惠来在北京同巴基斯坦外交部特秘阿斯拉姆和阿富汗副外长卡尔扎伊举行了中巴阿副外长级反恐安全磋商。三方就当前国际和地区反恐形势、三国反恐安全合作等议题深入交换了意见，并一致认为，三方应进一步加强反恐安全合作，携手应对恐怖主义威胁，共同维护三国和地区安全稳定。王毅外长表示，巴基斯坦和阿富汗都是国际反恐重要力量，为国际反恐斗争特别是南亚地区反恐事业作出巨大贡献。中方感谢巴阿两国长期以来坚定支持中方打击"东伊运"等恐怖势力。中方愿继续与巴方和阿方加强安全合作，共同应对恐怖主义的威胁和挑战，携手维护地区和平与安宁。阿斯拉姆特秘和卡尔扎伊副外长赞赏中方为推动巴阿关系改善、维护地区和平稳定、促进地区发展繁荣所作努力，表示愿与中方进一步加强反恐交流合作，坚决打击一切形式的恐怖主义，切实维护三国和地区安全稳定。

（四）中国与中亚各国的双边反恐合作

2014年6月18日，中国驻哈萨克斯坦大使馆邀请哈方反恐专家在阿斯塔纳市北京大厦举行座谈，共同探讨如何进一步加强中哈反恐合作、共同打击地区三股势力等问题。乐玉成大使主持座谈会并表示，中哈在打击"三股势力"方面有着共同利益，也面临共同挑战。中哈要进一步加强反恐合作，给地区恐怖势力迎头痛击和最大震慑，全面遏制恐怖活动多发频发之势。

2019年10月，"猎狐—2019"中哈反恐联合演习在哈萨克斯坦某训练基地举行。此次演习以联合打击国际恐怖组织为背景，进一步巩固和深化了中哈两国、两军友谊，促进了两军交流与合作，提高了联合反恐作战能力。

2017年6月27日，代号为"天山—3号（2017）"的中吉边防部

2016年6月7日，"蓝色突击—2016"中泰海军陆战队联合训练在泰国尖竹汶府班扎肯训练场落下帷幕。图为闭幕式上，中泰双方参演官兵整齐列队。

门联合反恐演习,在两国边境同时打响。两国边防部门采取"实地、实兵、实装、实弹、实爆"方式,全面检验两国在打击暴力恐怖活动方面取得的成效,开启上海合作组织框架下国际执法合作的新篇章。

2019 年 8 月,中国人民武装警察部队与吉尔吉斯斯坦国民卫队"合作—2019"联合反恐演练在中国新疆某训练基地举行。这是中吉两国同类部队首次举行联合反恐演练。联合反恐演练以共同应对恐怖主义威胁为背景,以携手打击暴力恐怖犯罪为主题,以联合处置复合式暴恐袭击为重点,按照实战化、体系化、基地化的思路,突出联合反恐指挥与基础技术训练、联合反恐战术协同训练和联合反恐综合对抗演练等内容。

(五)中国与东南亚国家反恐合作形式多样

一是中国和缅甸在反恐方面的合作,主要包括禁毒、打击有组织犯

2013 年 11 月 11 日,中国空军特种部队和印尼空军特种部队在印尼西爪省万隆苏莱曼空军机场联合举行代号为"空降利刃—2013"的反恐军事演习闭幕仪式。图为中国空降兵在跳伞。

罪等。2015 年 2 月 9 日，中国德宏警方向缅甸掸邦警方赠送禁毒反恐装备仪式在云南瑞丽姐告国门广场举行。中方代表在致辞中高度评价中缅禁毒部门间的密切合作和取得的成就，重申中方厉行禁毒、不断推动中缅禁毒合作的立场和决心，希望中缅两国共同维护中缅边境的社会稳定。缅方代表表示，缅甸高度重视与中方的禁毒合作，对中方多年来在禁毒反恐物资援助方面的支持和积极帮助表示感谢。

二是中国和泰国多次举行反恐联合军演。2013 年 12 月，为期两周的"突击—2013"中泰陆军特种部队反恐联合训练在泰国华富里举行。这是中泰两国第四次举行陆军特种部队反恐联合训练。2016 年 5 月，"蓝色突击—2016"中泰海军陆战队联合训练多兵种实弹综合演练在泰国尖竹汶府班扎肯训练场启动。这次演练以中泰海军陆战队联合反恐行动为

2017 年 10 月 5 日，中国驻菲律宾大使赵鉴华在马尼拉菲武装部队总部向菲方移交了中国援助的第二批用以打击恐怖主义的武器装备，价值约 3000 万元人民币。

课题，分外围夺控、火力打击和清剿夺占 3 个阶段实施，由中泰联合指挥所共同指挥。2019 年 1 月，"联合·突击—2019"中泰反恐联合训练在泰国举行。此次联训是中国首次与泰国国际反恐行动中心开展联合训练，以"城市反恐"为课题，分为混编专业训练和实兵综合演练 2 个阶段，重点进行参谋人员的指挥决策流程推演，以及特战小队的反恐专业训练和营救行动综合演练。

三是中国和印尼携手防止恐怖分子流窜。2016 年 1 月，印度尼西亚反恐工作负责人透露，印尼有关部门正与中国同行联手，以阻止中国的激进分子前往印尼，加入"圣战"行列。此外，中国和印尼还联合进行反恐训练。2012 年 7 月，济南军区某部营区，中国印尼"利刃—2012"特种部队反恐联合训练在山东济南举行。这是两国继"利刃—2011"之

2004 年 6 月，中国海军首次与英国海军在黄海进行非传统安全领域的联合演习。

后举行的第二次特种部队联合训练，旨在提高两军特种部队的反恐实战能力，促进两军务实交流与合作。2014 年 10 月，中国空军空降兵与印度尼西亚空军空降兵"空降利刃—2014"联合反恐训练在中国境内举行。这是继 2013 年中印尼空降兵在印尼境内首次成功举行联合训练后，中国军队与印尼特种部队在战术层面开展的又一次务实交流活动。

四是中国大力支持菲律宾反恐。2017 年 6 月 29 日，中菲两国外长在北京举行会谈。中国外交部长王毅表示，中国的邻居菲律宾受到恐怖主义的严重威胁，中方会毫不犹豫地伸出援手。在向菲方提供第一批紧急援助物资和装备后，中方还会继续提供支持和帮助，包括参与马拉维的战后安置和重建工作。中方也将继续推进和落实同菲方商定的重大合作项目，帮助菲律宾发展经济、改善民生，远离毒品，铲除滋生恐怖主义的土壤。

五是中国和马来西亚共同阻止恐怖分子参加国际恐怖活动。2015 年 1 月，300 多名中国人以马来西亚作为中转站，前往第三国，再进入叙利亚或者伊拉克参加"伊斯兰国"组织。马方表示，中马两国政府严正看待危及国家安全的事件，承诺全面遏制这一问题。中马两国有反恐协议，可以合作进行反恐行动，两国必须更紧密合作。

（六）中国与欧洲国家的双边反恐合作

虽然中欧并非邻国，但恐怖主义的威胁并无国界，恐怖活动的国际化决定了各国需要开展跨洲反恐合作。

1. 中国与英国的反恐合作不断取得进展

首先，双方进行高级别安全对话，并就反恐合作达成共识。2016 年 6 月 13 日，中共中央政法委员会秘书长汪永清与英国首相国家安全顾问马克·格兰特共同主持了首次中英高级别安全对话。双方一致认为，此次对话是落实中英两国 2015 年 10 月 22 日发表的《中英关于构建面向 21 世纪全球全面战略伙伴关系的联合宣言》的重要举措。在对话中，双方就打击恐怖主义、网络犯罪、有组织犯罪以及非法移民等领域的合作深入交换意见，确定了未来合作方向。双方一致同意本着"平等互信、坦诚务实"的原则，加强两国在安全领域的执法司法合作，增进双方在联合国等多边框架下的沟通协调，共同应对全球性威胁。

其次，两国举行联合军演。2004 年 6 月 20 日，中国海军与英国海军在黄海海域举行联合军事演习。这是中英两国海军历史上第一次联合演习，且首次邀请美国、俄罗斯、法国、德国等 15 个国家的驻华海军武官观摩。

2. 中国与法国开展反恐联合军演

中法两国的反恐合作主要体现在联合军演上。2004 年 3 月，中法海军首次联合军演在黄海海域举行。2015 年 10 月 30 日，南海舰队某驱逐舰支队导弹护卫舰运城舰与法国海军"葡月"号导弹护卫舰，在南海某海域围绕《海上意外相遇规则》，进行了一场以占领补给阵位、编队运动等为内容的海上联合演练，加深了双方的交流互信，增进了彼此友谊。2017 年 5 月 4 日，法国海军"库尔贝"号护卫舰在东海某海域与中国海军株洲舰成功举行以临检拿捕、补给训练等为主要课目的联合军事演练。

中法双方的反恐合作还体现在领导人的重视上。2018 年 1 月，习近平主席在同法国总统马克龙举行会谈时指出，中法要合作应对气候变化、恐怖主义、网络安全等全球性挑战，维护世界和平稳定。2019 年 11 月，双方领导人在北京举行会谈时，习近平主席再次强调，中法要加强网络安全和反恐合作。马克龙表示，法中要在反恐问题上加强战略沟通协调。

3. 中国与德国展开更加广泛的反恐合作

一是就反恐问题进行高级别磋商。2003 年 9 月 24 日，中德反恐磋商在北京举行。双方就国际和地区反恐形势、联合国在国际反恐斗争中的作用、中德双边反恐合作等问题深入交换看法，一致认为国际反恐合作应遵循《联合国宪章》和其他国际法准则，发挥联合国和安理会的主导作用，采取综合治理的方式，标本兼治。

二是进行系列联合演习。2017 年 5 月 6 日，中德两国维和部队联合救护演练在联合国驻马里多层面综合稳定特派团（联马团）中国二级医院营区拉开帷幕，这是中德两国维和部队首次举行联合卫勤实兵救护演练。通过演练，中德两国维和部队强化了协同意识，建立了联合响应机制，提升了应急救援能力。

三是双方拟建立高级别安全对话机制。2016 年 11 月 7 日，习近平主席特使孟建柱在柏林出席首次中德反暴力极端主义专业对话。对话期间，中德双方同意将建立中德高级别安全对话机制。双方认为，当前国际安全形势复杂多变，传统安全与非传统安全交织共振。中德要在反恐、网络安全、打击跨国有组织犯罪等领域深化交流合作，共同应对面临的威胁和挑战，更好地维护两国安全利益。

（七）中国与中东一些国家的反恐合作逐步展开

一是中国和沙特首度举行反恐联训。2016 年 10 月 10 日至 10 月 25 日，"探索—2016"中国和沙特特种部队首次反恐联合训练在中国人民解放军第 13 集团军某旅举行，旨在提高两军联合反恐、共同应对非传统安全威胁的能力。这也是中国深化同中东国家安全合作关系的最新努力[1]。

---

[1]　《中国与沙特首度举行反恐联训 深化同中东国家关系》，参考消息网 2016 年 10 月 28 日，http://www.cankaoxiaoxi.com/mil/20161028/1380444.shtml。

二是 2015 年 5 月 22 日，中国海军官方微博发布消息称，土耳其海军戈迪兹号护卫舰访问青岛，并与我海军舰艇在青岛外海举行联合演习。

三是中国与埃及反恐合作。2015 年 9 月 6 日，中埃海军联合演练在地中海海域拉开帷幕。中方参演兵力为 152 舰艇编队导弹护卫舰益阳舰，埃及海军参演兵力为"托什卡"号导弹护卫舰，演练科目为编队运动和航行补给占位。

第三节
中国提出有效的国际反恐合作方案

面对当前严峻的国际反恐形势，中国彰显出中华民族对人类社会发展的责任意识、担当意识，积极发挥大国作用，倡导在全球构建人类命运共同体，坚持新国家安全观，将"一带一路"倡议落在实处，搭建共商、共建、共享的平台，多措并举，推行有效的国际反恐合作方案。这些举措，能够有效减少恐怖主义滋生的土壤，挤压恐怖主义生存与发展的空间，最终使恐怖主义"遁于无形"。

一、倡导"人类命运共同体"理念

2017 年 9 月 26 日，习近平主席在国际刑警组织第 86 届全体大会开幕式上的主旨演讲中指出，当今世界，各国相互联系、相互依存，全球命运与共、休戚相关，和平、发展、合作、共赢从来没有像今天这样成为不可阻挡的历史潮流。安全问题早已超越国界，任何一个国家的安全短板都会导致外部风险大量涌入，形成安全风险洼地；任何一个国家的安全问题积累到一定程度又会外溢成为区域性甚至全球性安全问题。各国可谓安危与共、唇齿相依，没有哪个国家能够置身事外而独善其身，也没有哪个国家可以包打天下来实现所谓的绝对安全。

构建人类命运共同体理念的提出，顺应了时代的要求与历史的潮流。促进不同文明、不同宗教、不同民族之间的共存与融合，是构建人类命运共同体理念的核心要旨。

（一）构建人类命运共同体是世界发展的大势所趋

当今世界和平与发展处于新的十字路口，逆全球化、民粹主义等成为人类社会发展的新障碍。如何应对国际社会面临的新挑战，答案就是"构建人类命运共同体"。

1. 当今世界正发生最为深刻的变化

首先，世界经济形势发生重大改变。近 10 年来，经济全球化遭遇激烈反弹。从全球看，各类贸易保护主义措施密集出台，仅 2017 年世界各国就推出超过 643 项保护措施①。投资保护主义加剧，美国已通过立法扩大了外国投资委员会国家安全审查力度，英国提出新的企业并购审查建议，德国修改对外经济规定，均意在扩大对外投资规制力度。尤其是特朗普上台以来，为了实现"美国优先"，四处挑起贸易战，不仅针对中俄两国，也针对其同盟加拿大、日本、欧盟等。从地区看，区域一体化进程遭遇"逆风"，英国脱欧后，欧盟面临自成立以来最严重的制度危机，一体化梦想不得不大幅回调；美国退出 TPP，亚太经合组织仍缺少有效约束和行动，东亚传统区域经济合作进展缓慢，亚太经济合

---

① Global Trade Alert:Total Number of Implemented Interventions since November 2008, http://www.globaltradealert.org/global_dynamics/day-to_1108.

2018年5月25日，中国、俄罗斯、英国、法国、德国与伊朗代表在奥地利维也纳举行伊核问题全面协议联合委员会会议，讨论美国退出全面协议的影响以及协议执行下一步方略。

作面临转折[①]。

其次，世界政治形势发生重大调整。当前国际格局发生变化，美国自金融危机后逐渐实行战略收缩政策，特别是特朗普总统上台后，一改往日"全球化领导者"的态度，公开鼓吹"美国优先"与贸易保护主义，推行逆全球化与单边主义政策，对国际义务态度消极，战略重心严重内倾。其先后宣布退出巴黎协定、退出联合国教科文组织、退出伊核问题全面协议、退出联合国人权理事会，并颁布"禁穆令"，主张修建"美墨边境墙"等。与此同时，中国则高举全球化大旗，以建设人类命运共同体为目标，积极倡导共建"一带一路"，强调维护全球多边体系权威，获得国际社会高度认同。

再次，世界安全形势发生重大变化。伴随着西方国家金融危机、社

---

① 中国现代国际关系研究院世界政治所课题组：《世界正经历前所未有的大调整》，《现代国际关系》2018年第1期，3页。

会动荡，欧美均出现了以反建制和反精英为表征，以反全球化、反自由贸易、反移民、反欧洲一体化为内容的民粹主义或极端民族主义。英国脱欧、特朗普胜选、法国极右派政党"民族阵线"进入总统大选第二轮，无一不说明民粹主义的威力之大[①]。在中东，后"伊斯兰国"的叙利亚并未回归和平，美、俄及其双方代理人在此地区激烈博弈。

最后，全球治理地位的重要性逐步凸显。国际恐怖主义是当前国际和平与安全所面临的一大挑战，需要在全球范围内用综合治理的办法去统筹解决，这就提出了"全球治理"问题。军事手段治标不治本，即使像美国这样的超级大国，也无力单凭武力消灭恐怖主义及单独解决其他全球性问题。要解决堆积如山、相互缠绕的各种世界性难题，如贫富分化、发展不平衡、恐怖主义等，除了各国加强自身治理外，还需要一个全球计划，需要世界各国协调一致，也就是"全球治理"[②]。

2. 构建人类命运共同体，促进世界和平与发展

"人类命运共同体"是中国倡导的关于人类社会的新理念。2011 年《中国的和平发展》白皮书提出，要以"命运共同体"的新视角，寻求人类共同利益和共同价值的新内涵。中共十八大后，习近平总书记在不同场合多次阐述了构建人类命运共同体的内涵，高度概括就是"五个世界"：坚持对话协商，建设一个持久和平的世界；坚持共建共享，建设一个普遍安全的世界；坚持合作共赢，建设一个共同繁荣的世界；坚持交流互鉴，建设一个开放包容的世界；坚持绿色低碳，建设一个清洁美丽的世界。

构建人类命运共同体是全球治理的中国方案的核心。当前国际体系

---

① 冯仲平：《新时期中国外交任重道远》，《现代国际关系》2017 第 8 期，8 页。
② 《联合国的现在与未来》，《现代国际关系》2002 年第 9 期，54—62 页。

从 2008 年 12 月至今，中国已连续 10 年累计派出 30 批护航编队远赴亚丁湾、索马里海域执行护航任务，圆满完成 6000 多艘中外船舶护航任务。

正在经历深刻变迁，力量结构发生重要变化，一些国家的战略焦虑明显增加，国际安全治理更加重要。正如联合国秘书长古特雷斯所说，"多极世界需要多边的治理方式，今天的中国可以发挥重要的作用。"构建人类命运共同体是有效解决当今世界和平与发展问题的中国方案。近年来，中国在全球治理中发挥的作用明显增大，主要源于思想和意识的转变。中国正在为构建人类命运共同体作出自己的贡献，从国际维和到远海护航，从"一带一路"到"巴黎气候协定"，从中非合作到埃博拉救助，从"亚投行"开业到"亚欧班列"开通……如今在世界的每一个地方，都能听到中国的声音，看到中国的善举。

构建人类命运共同体符合世界广大民众利益。人类命运共同体强调的主体不是国家，而是人类，强调利益与价值共享。2017 年 2 月，"构建人类命运共同体"理念写入联合国决议；2017 年 10 月，"构建人类命运共同体"写入中国共产党党章，成为习近平新时代中国特色社会主义思想的重要内容；2018 年 2 月 25 日，中共中央建议在修改宪法部分内容时，增加"推动'构建人类命运共同体'"。这是我们对美好世界的向往和追求，是中国对世界未来的信念，也是中国对世界的责任。习近平主席 2017 年 12 月 1 日在中国共产党与世界政党高层对话会上的主旨讲话中提出，"人类命运共同体，顾名思义，就是每个民族、每个国家的前途命运都紧紧联系在一起，应该风雨同舟，荣辱与共，努力把我们生于斯、长于斯的这个星球建成一个和睦的大家庭，把世界各国人民对美好生活的向往变成现实。"

（二）构建人类命运共同体符合时代的需求和历史发展潮流

首先，这一理念传承了中华文明精髓。推动建设人类命运共同体，源自中华文明历经沧桑始终不变的"世界大同""天下为公""和合文化"情怀。从"以和为贵""协和万邦"的和平思想，到"己所不欲，勿施于人""四海之内皆兄弟"的处世之道，到"计利当计天下利""穷则独善其身，达则兼济天下""天下同归而殊途，一致而百虑"的价值判断，可以说是中华文化的重要基因，薪火相传，绵延不绝。

其次，这一理念呼唤着新型国际秩序。一是在新时期中国的国际秩序观中，合作共赢是思想基础，和平发展道路是战略选择，人类命运共同体是追求目标，三者环环相扣，构成一个思想整体。在这一思想体系之下，总体国家安全观、新型国际关系、"亲诚惠容"周边外交理念、正确义利观、全球治理和区域治理观等等，内涵极其丰富，共同构成新时期中国的国际秩序观。二是围绕世界朝什么方向发展这个时代性问题，世界其实存在各种各样的方案，各国面临不同的选择。有的转向内顾，有的主张对抗冲突。中国对世界发展方向性问题给出的方案是"构建人类命运共同体"。这个中国方案并不否定和排斥其他合理的方案，而是在汲取世界上已有的合理方案基础上给出一个新方案，包含着相互依存的国际权力观、共同利益观、可持续发展观和全球治理观。事实上，人类同住"地球村"，不同文明、不同宗教信仰、不同社会制度、不同发展水平的国家应该是一个相互依存的命运共同体，应该相互尊重、平等合作、互利共赢、融合包容，在政治上建立平等相待、互商互谅的伙伴关系；在安全上营造公道正义、共建共享的安全格局；在经济上谋求开放创新、包容互惠的发展前景；在文化上促进和而不同、兼收并蓄的文明交流；在环境上构筑尊崇自然、绿色发展的生态体系，携手打造利益共同体、安全共同体、责任共同体，最终实现人类命运共同体。

最后，这一理念对西方文化"取其精华，弃其糟粕"。一是人类命运共同体与西方传统国际关系中的主流秩序观形成鲜明对比。西方视域下的国际秩序，或是强调权力政治和丛林法则，或是强调零和博弈与力量均衡，或是强调霸权稳定和利益至上，冲突和对抗是永恒的主题。这样的秩序观已经无法适应当今世界发展大势，无法解决当前世界面临的诸多问题，也无法为国际社会和人类未来指明方向。二是传统的西方国际关系理论，要么强调实力决定论，认为国强必霸；要么认定民主和平论，认定西方价值必然主导世界。事实证明，这些理论无力解释急剧变化的国际政治现实。西方一批新的国际关系"大师"，或鼓吹"历史终结"，或渲染"文明冲突"，或宿命式悲叹"大国政治的悲剧"，或无限放大"修昔底德陷阱"，给国际社会带来无端的恐慌和悲观情绪，不具有建设性意义。而人类命运共同体理念则把握历史时空的变迁，超越意识形态分歧、价值观念差异、文明宗教隔阂、社会制度矛盾，以更加包容的姿态迎接经济全球化、政治多极化、社会信息化和文化多样化大潮，给世界传递的是正能量，带来的是充满希望的愿景。正因如此，该理念一经提出，就引起全球广泛关注和热烈研究。三是西方国际关系理论一般将世界分成对立的两个部分，然而世界远不是一分为二这么简单。世界确实存在不同，但是解决不同之间的合作难题，不是要消灭不同，也不是要强求趋同，更不是把世界分而治之，而是要有一个整体主义的思维，寻求世界合而治之的途径。一个好的国际秩序，一定是建立在不同之间合作的基础上，而不是建立在不同之间对立或者不同之间冲突的基础上。人类命运共同体是一种整体主义的外交哲学思维[1]。

（三）构建人类命运共同体，有利于促进不同文明、不同宗教、不同民族之间的大融合，削弱恐怖主义赖以生存的土壤与空间

1. 不同文明、宗教、民族的差异成为恐怖主义利用的工具

首先，不同文明间的敌视容易导致对抗和冲突。一是西方文明与伊斯兰文明的对抗。近年来成立的国际恐怖组织"基地"与"伊斯兰国"，都是因为敌视西方文明，试图建立一个伊斯兰原教旨主义国家，而发起恐怖活动的。二是西方文明的分歧逐渐暴露。2017年7月，特朗普在波兰华沙起义纪念碑前发表演讲，以宗教和文化为中心描述西方价值观，并呼吁对抗激进伊斯兰主义，保护西方文明，对于通常被视为西方核心价值观的法治、民主和言论自由却只是一带而过，宗教宽容也没有出现在他的讲话中。对特朗普界定的"西方价值观"，欧洲国家主流精英人士的批评声不绝于耳，暴露出欧美等国的精英群体对"西方价值观"的理解分歧已相当严重。

其次，宗教成为恐怖分子实施恐怖活动的掩护外衣。宗教是人类社会发展到一定历史阶段出现的一种文化现象，属于社会特殊意识形态。当前恐怖主义的盛行，大多是原教旨主义为恐怖主义提供思想与理论基

---

[1] 曹云龙：《携手共建人类命运共同体》，《光明日报》2017年10月17日。

伊拉克提克里克一逊尼派村庄于 2015 年 1 月 7 日遭不明什叶派武装人员袭击，据称武装人员处决了 70 名平民。

础。原教旨主义理论的共同点是反对现代主义、自由主义和世俗主义。它以各种形式出现在世界各地，它可以指犹太人中的强硬正统派、锡克教中的分裂主义和民族主义、斯里兰卡泰米尔的解放运动和印度反对外国传教势力的印度教组织，也可以是打着伊斯兰教旗号的恐怖组织。中东地区的逊尼派与什叶派矛盾由来已久，在伊拉克和叙利亚，两派冲突始终难以解决，其争斗给"伊斯兰国"进退与周旋提供了诸多便利条件。事实上，"伊斯兰国"在伊拉克境内攻城略地，就是从逊尼派聚居地开始的，因为这些地方的穆斯林本来就对什叶派政府不满。以教派主义为核心内容的意识形态对抗加剧，使教派主义成为冷战思维在中东的独特表现。在东南亚，恐怖组织主要通过宗教认同，蛊惑招揽极端分子。

最后，不同民族的矛盾引发的暴力冲突不绝于耳。在中东，2018 年 3 月 30 日，2 万多名巴勒斯坦人开启了一年一度的"回归大游行"示威活动，并纪念第 42 个"土地日"。这是巴勒斯坦一些派别和团体组织的活动，主旨是要求实现巴勒斯坦难民回归和解除以色列封锁。当日，驻守边境的以色列士兵与参加示威活动的巴勒斯坦人爆发冲突，导致至少 15 名巴勒斯坦人死亡、1400 多人受伤。这是近几年来巴以最严重的流血冲突。在北高加索，俄罗斯境内的恐怖袭击最早可以追溯到 20 世纪 90 年代中期，恐怖分子主要盘踞在北高加索的车臣地区。车臣问题由来已久，以车臣为中心的北高加索地区历来就是兵家必争之地。历史上，很多帝国都曾染指高加索，镇压和反抗成了高加索政治的鲜明特色。在战略家的眼里，高加索是各种力量云集、各种利益交错、各种冲突交织的"碰撞之地"。19 世纪，沙皇俄国经过 50 多年的高加索战争征服了车臣人，于 1859 年将其并入沙俄版图。但是车臣与俄罗斯两个民族"结怨已久"，双方的矛盾并没有随着统一而解决。1944 年，斯大林以车臣人与德国侵略者合作为由，把车臣人赶出家园，当时有 38.7 万多车臣人被驱逐到中亚和西伯利亚，直到赫鲁晓夫执政后，1957 年才允许车臣人重返故里，这对车臣人造成了巨大的心灵创伤。经过一个多世纪的对抗，民族矛盾积重难返。1991 年，俄罗斯境内分裂势力借国际局势动荡要求车臣独立，从此俄开始了长达 10 年的维护国家统一和领土完整的斗争。据美国马里兰大学建立的数据库显示，1991 年至 2012 年，俄罗斯共遭遇 1895 起恐怖袭击事件，这些事件绝大多数都与车臣恐怖分子有关。

2. 构建人类命运共同体，有利于促进不同文明、不同宗教、不同民族的融合，消除恐怖主义滋生的土壤

首先，以文明共存超越"文明优越"。人类命运共同体具有丰富的政治、经济、安全、文明、生态等多方面内涵。中国一直强调要充分尊重世界文化的多样性，以"海纳百川，有容乃大"的理念加强文明对话，促进文化和谐。世界不同的文化、文明凝聚着不同民族的智慧和贡献，

没有高低之别，更无优劣之分。中国历来反对所谓"文明冲突论"，也反对"文明优越论"，主张各种文明相互包容、兼收并蓄，不搞文化霸权，不唯我独尊，不贬低、不排斥其他文明和文化。中国认为，不同国家和不同文化之间完全可以"求同存异、聚同化异"，做到多元相处、和谐共生。中国外交结伴不结盟、交友不树敌的实践也充分体现了多元共生的理念。将"人类命运共同体"理念贯彻于实际行动中，可以使各种文明和文化互学互鉴、开放包容，有利于加强合作、减少争端，从而不断压缩恐怖分子生存的空间。

其次，以宗教互信代替宗教冲突。利用宗教认同一直是恐怖主义极具迷惑性的外衣。"伊斯兰国"自建立以来，一直宣称要建立"政教合一"的大"哈里发"国家，以此蛊惑具有相同宗教信仰的支持者。目前，虽然其在叙利亚、伊拉克的势力土崩瓦解，但仍将继续宣扬其所谓的政治

2018 年 3 月 30 日，2 万多名巴勒斯坦人在加沙地带边境举行大规模示威，纪念第 42 个"土地日"，同时开启持续数周的"回归大游行"。其间，一些巴勒斯坦青年向以方投掷石块、燃烧瓶，以色列士兵则开枪射击，造成大量巴方人员伤亡。

目标，并鼓动支持者发动"圣战"。通过高举"圣战"旗帜，"伊斯兰国"驱使追随者形成"杀死异教徒、自杀式袭击可以上天堂甚至可以帮助家人上天堂"的思维模式，频繁发动恐怖袭击。由此可见，"伊斯兰国"利用宗教信仰来传播极端主义是其核心危害。因此，国际社会必须加强宗教互信，并将"去极端化"作为反恐合作的重要内容，真正从根本上铲除恐怖主义。

最后，以民族融合取代民族矛盾。构建人类命运共同体，能够促进不同民族的共同依存与相互融合。习近平主席指出，"东南亚朋友讲，'水涨荷花高'，非洲朋友讲，'独行快，众行远'，欧洲朋友讲，'一棵树挡不住寒风'，中国人讲，'大河有水小河满，小河有水大河满'。这些说的都是一个道理，只有合作共赢，才能办大事，办好事，办长久之事，要摒弃零和游戏、你输我赢的旧思维，树立双赢、共赢的新理念，在追求自身利益时兼顾他方利益，在寻求自身发展时促进共同发展①。"国家无论大小、强弱、贫富，都应该做和平的维护者和促进者，不能这边搭台、那边拆台，而应该相互补台、好戏连台。这个理念用于各个民族也是同理。

二、弘扬古丝绸之路精神，提出"一带一路"倡议

"驼铃古道丝绸路，胡马犹闻唐汉风。"丝绸之路始于古代中国，汉代张骞出使西域开辟了"陆上丝绸之路"，明朝郑和下西洋开通了"海上丝绸之路"。古丝绸之路是连接亚洲、非洲和欧洲的古代商业贸易线路，

---

① 习近平：《迈向命运共同体 开放亚洲新未来——在博鳌亚洲论坛 2015 年年会上的主旨演讲》，《人民日报》2015 年 3 月 29 日。

最初是运输古代中国出产的丝绸、瓷器等商品，后来成为东方与西方在政治、经济、文化、宗教等诸多方面相互交流的主要通道。在古丝绸之路沉寂数百年后，"一带一路"倡议的提出，让丝路沿线共同繁荣发展的蓝图日益清晰。

2014 年 6 月 5 日，习近平主席在出席中阿合作论坛第六届部长级会议开幕式的讲话中指出，丝绸之路承载的"和平合作、开放包容、互学互鉴、互利共赢"精神薪火相传。这一重要论述为丝绸之路精神赋予新的时代内涵，指明了弘扬丝绸之路精神的新目标和新路径。

事实上，发展与安全犹如鸟之两翼、车之双轮，"发展是安全的基础，安全是发展的条件"，缺一不可①。"一带一路"是发展带，也是安全带，是撬动地缘政治的杠杆，是推进全球共同构建人类命运共同体的核心平台，是促进"一带一路"沿线国家经济发展、社会稳定与国家安全的重要平台，也是防范、化解、制止国际恐怖主义的"灵丹良药"。

（一）"一带一路"倡议立足当前，着眼长远

"观今宜鉴古，无古不成今。"历史深刻昭示，对抗与冲突不是人类的宿命和归途。丝绸之路历经千年风雨洗礼，早已化为和平与友谊的象征。2013 年 9 月 7 日，中国国家主席习近平在哈萨克斯坦纳扎尔巴耶夫大学作了一场具有深远意义的重要演讲，首次提出共同建设"丝绸之路经济带"的重要倡议。2013 年 10 月，习近平主席在印度国会发表重要演讲时提出，东南亚地区自古以来就是"海上丝绸之路"的重要枢纽，中国愿同东盟国家加强海上合作，共同建设"21 世纪海上丝绸之路"。

---

① 《中央国家安全委员会第一次会议召开 习近平发表重要讲话》，中国政府网 2014 年 4 月 15 日，http://www.gov.cn/xinwen/2014-04/15/content_2659641.htm。

"丝绸之路经济带"和"21世纪海上丝绸之路",简称"一带一路"。

"一带一路"倡议是充满东方智慧、促进全球合作共赢的"中国方案"。该倡议致力于亚欧非大陆及附近海洋的互联互通,主张建立和加强沿线各国互联互通伙伴关系,构建全方位、多层次、复合型的互联互通网络,实现沿线各国多元、自主、平衡、可持续的发展。根据"一带一路"走向,陆上依托国际大通道,以沿线中心城市为支撑,以重点经贸产业园区为合作平台,共同打造一系列国际经济合作走廊;海上以重点港口为节点,共同建设通畅、安全、高效的运输大通道。

首先,"一带一路"倡议是国家级顶层合作倡议。2015年3月28日,国家发展改革委、外交部、商务部联合发布了《推动共建丝绸之路经济带和21世纪海上丝绸之路的愿景与行动》。"一带一路"作为"一个包容性巨大的发展平台",顺应地区和全球合作潮流,契合沿线国家和地区发展需要,是中国根据古丝绸之路留下的宝贵启示,着眼于各国人民追求和平发展的共同梦想,为世界提供的充满东方智慧的共同繁荣发展的方案。"一带一路"倡议借用古丝绸之路的历史符号,高举和平发展的旗帜,积极发展与沿线国家的经济合作伙伴关系,共同打造政治互信、经济融合、文化包容的利益共同体、命运共同体和责任共同体。

其次,"一带一路"是全球治理的创新之路。全球经济治理需要与时俱进,因时而变。"一带一路"倡议不仅是中国扩大对外开放的重大举措,也是中国推动全球治理体系变革的主动作为。小智治事,大智治制。"一带一路"倡议之所以会"一呼百应",是因为它不是要建自己的"后花园",而是要建设有利于各国共同发展的"百花园"。2017年9月11日,第71届联合国大会通过了关于"联合国与全球经济治理"决议,把中方提出的"共商、共建、共享"的理念纳入其中。2018年4月17日,在"改革开放40周年中国参与国际多边合作的回顾与展望"

2017 年 5 月 14 日，"一带一路"国际合作高峰论坛在北京开幕。

论坛中，联合国常务副秘书长阿米纳·穆罕默德指出，"一带一路"倡议是全球治理新平台。联合国秘书长古特雷斯指出，"一带一路"倡议不仅是经济合作倡议，也是通过经济合作改善世界经济发展模式，使全球化更加健康，进而推动国家治理和全球治理的路径。

最后，"一带一路"是构建人类命运共同体的重要平台。2015 年 9 月 28 日，在联合国成立 70 周年系列峰会上，习近平主席全面论述了构建人类命运共同体的主要内涵：建立平等相待、互商互谅的伙伴关系，营造公道正义、共建共享的安全格局，谋求开放创新、包容互惠的发展前景，促进和而不同、兼收并蓄的文明交流，构筑尊崇自然、绿色发展的生态体系。2017 年 2 月 10 日，联合国社会发展委员会第 55 届会议一致通过"非洲发展新伙伴关系的社会层面"决议，"构建人类命运共同体"理念首次被写入联合国决议。"一带一路"倡议不但是将构建人类命运共同体从理念落实到行动的重要推手，也为实现这一宏伟目标提供了现实路径和合作平台。"一带一路"沿线将率先建成政治互信、经济融合、文化包容的利益共同体、责任共同体和命运共同体，成为构建人类命运共同体的示范区[①]。

习近平总书记指出，中国是"一带一路"的倡导者和推动者，但建设"一带一路"不是中国一家的事。"一带一路"建设不应仅仅着眼于中国自身发展，而是要以中国发展为契机，让更多国家搭上中国发展快车，帮助他们实现发展目标。中国要在发展自身利益的同时，更多考虑和照顾其他国家利益。要坚持正确义利观，以义为先、义利并举，不急功近利，不搞短期行为。要统筹中国同沿线国家的共同利益和具有差异性的利益关切，寻找更多利益交汇点，调动沿线国家积极性。

（二）积极推进"一带一路"建设，根除恐怖主义产生的土壤

据全球恐怖活动数据库显示，2000—2014 年，全球恐怖活动风险逐年提高，恐怖活动次数年均增长 20.87%，恐怖活动致死人数年均增长 26.08%；自 2012 年起全球恐怖活动风险呈现爆发趋势，恐怖活动次数年均增长 49.71%，恐怖活动致死人数年均增长率更是激增至 76.19%。而"一带一路"沿线的一些重点地区和国家，如南亚的阿富汗、巴基斯坦，中东的伊拉克、叙利亚和也门，以及北非的利比亚、埃及等地，正是恐怖主义最肆虐、恐怖活动最猖獗之地。当前国际社会反恐只是治标，并没有治本之策，至今未取得突出的能够解决根源性问题的成果。中国提出"一带一路"倡议，意义非常深远，不仅能解决发展的问题、共赢的问题，而且能解决恐怖主义产生的最根本的土壤问题。

[①] 张伟杰：《"一带一路"：新型全球化的探索与实践》，人民网 2018 年 3 月 30 日，http://world.people.com.cn/n1/2018/0330/c1002-29899698.html。

1.共建"一带一路"，促进沿线国家和地区经济发展，使恐怖主义"无处遁形"

贫穷和落后是滋生恐怖主义的肥沃土壤。消灭恐怖主义的主要途径，就是要尽一切可能消灭贫穷和落后。共建"一带一路"，将会带动这些地区的经济发展，也会极大改善这些地区的安全状况。

首先，促进"一带一路"沿线国家和地区的工业化进程。"一带一路"沿线大部分国家是发展中国家和新兴经济体，处于工业化初级阶段，广大发展中国家纷纷谋求经济转型，将推进工业化作为国家发展战略。同时，由于南北差距进一步加大，地区互联互通面临诸多瓶颈，发展中国家的工业化进程急需资金和技术支持。"一带一路"辐射欧亚非三洲，横跨太平洋和印度洋，能够把快速发展的中国经济同沿线国家的利益结合起来。在这个平台上，中国与沿线国家在资金、技术、基础设施建设、资源能源等方面的优势与需求有望得到有效互补。南南合作和南北合作将获得新的动力和载体，亚欧大陆的贸易、交通、物流条件将得到改善，发展中国家的发展进程将得以提速。

其次，通过互联互通加速"一带一路"沿线国家和地区经济发展。当今世界，减少贫困、消除发展不平衡依然任重道远。共建"一带一路"正发挥其巨大的战略优势，促进沿线国家和地区经济快速发展。

一是促进沿线国家和地区经济加速增长。2018年4月18日，国际金融论坛与英国《中央银行》杂志在华盛顿智库布鲁金斯学会联合发布《"一带一路"5周年调查报告》。报告显示，在受访的26家"一带一路"沿线国家央行中，超过九成认为"一带一路"项目将在未来5年内推动本国经济增长。67%的受访央行预计，在未来5年，"一带一路"项目将帮助本国经济增速提高0—1.5个百分点；25%的受访央行预计，本国经济增速将因此提升1.5—5.5个百分点。同时，将近半数的受访央行认为，

"一带一路"倡议为各国发展提供了"千载难逢的机会"，这意味着"一带一路"倡议将带来惠及数十亿人的经济繁荣和硕果。

二是重点项目成为共建"一带一路"的标杆。例如，在位于南亚的巴基斯坦，中巴双方正以"中巴经济走廊"建设为核心，以瓜达尔港、能源、基础设施建设、产业合作为四大重点，形成"1+4"合作布局，带动巴基斯坦各地区发展，让巴广大民众得到实惠①。

三是中国企业在共建"一带一路"中发挥重要作用。例如，在非洲，中资企业活跃在农业、基础设施、加工制造、资源开发、金融、商贸物流等多个领域，帮助非洲创造就业岗位，改变经济增长模式，提高对外资的吸引力，提升劳动力素质。受益于"一带一路"建设，吉布提总统盖莱对媒体说，西方人来了100多年，我们的国家还是那么穷，中国人来了才3年，就让我们国家发生了这么大的变化。中国让我们看到了国家的希望②。

四是中国加大对"一带一路"沿线和周边重点受援国的援助力度。例如，2018年2月2日，中国南南合作援助基金在巴基斯坦的第二个落地项目——联邦部落地区和俾路支省援助项目举行启动仪式。该项目系中国商务部通过南南合作援助基金向联合国开发计划署提供400万美元，支持其在巴联邦部落地区帮助8100个家庭开展重返家园的生活安置工作。此外，该项目还向俾路支省375所学校提供教室设施、教师和学生用具，惠及约19000名学生。联邦部落地区和俾路支省都是巴基斯坦较不发达的地区，近年来受到自然灾害和安全因素的影响较大，中国的援

---

① 《习近平在巴基斯坦媒体发表署名文章》，新华网2015年4月20日，http://www.xinhuanet.com/politics/2015-04/19/c_1115016670.htm。

② 李建红：《落地生根开花结果——招商局集团践行"一带一路"倡议的探索实践》，《求是》2017年第9期。

2018年8月，埃及苏伊士运河畔的泰达工业园区内，埃及工人正在中国巨石埃及玻璃纤维股份有限公司工作。

助有助于保障当地青少年儿童不为生计所迫加入恐怖组织，促进了巴基斯坦的安全与稳定。

最后，通过促进"一带一路"沿线国家和地区的经济发展促进其社会稳定。

一是"一带一路"沿线国家财政收入不断增加，对国家的控制力不断增强。巴基斯坦的尼鲁姆－杰鲁姆水电站，是中国企业迄今在境外承建的最大的水电项目。2017年水电站建成后，每年提供5亿千瓦时电量，解决了巴基斯坦全国15%人口的用电紧缺问题，并带来450亿卢比（约合27亿元人民币）的财政收入。国家财政收入的提高，一方面可以将资金用于经济的再发展，形成良性循环；另一方面，可以更多投入国防力量建设，打击恐怖主义。

二是就业岗位增多，恐怖主义可利用的空间缩小。在北非埃及，恐怖主义威胁严重。中埃共同合作建设的苏伊士经贸合作区，入驻的58家企业提供了近2000个就业岗位，其中98%为埃及本地员工；扩展区正在建造，将创造4万个就业岗位。自2013年"一带一路"倡议提出以来，中国已同150多个国家和国际组织签署共建"一带一路"合作协议，同30多个国家签署产能合作协议，在沿线46个国家建设的境外经贸合作区累计投资超过400亿美元，为当地创造超过36万个就业岗位。

2. "一带一路"倡议促进文化互通，使恐怖主义"无路可走"

首先，"一带一路"倡议促进文明互通。"一带一路"沿线国家属于多样文明，彼此文化差异显著。"一带一路"倡议主张尊重文明的多样性，倡导各种文明地位平等，没有高低优劣之分，相互之间和谐共处。通过加强文明对话，开展文明互学互鉴、取长补短，以文明交流超越文明隔阂，以文明互鉴超越文明冲突，以文明共存超越文明优越，就能增

中国—阿拉伯国家博览会于2013年9月首次举办，得到了包括阿拉伯国家及其他伊斯兰国家在内的"一带一路"沿线国家的广泛认同，正成为推进中阿务实合作的重要平台。

进各国人民的相互理解和友谊。此外，建设绿色之路、健康之路、廉洁之路等概念的提出，也为开展"一带一路"建设提供了明确指南。

其次，"一带一路"倡议将中国文化的包容、开放、多元传递到世界各地。联合国教科文组织总干事博科娃表示，"当我们看到现在世界上发生不幸的冲突时，我们能强烈感受到宗派主义、不同文化中不同的人之间产生的冲突。这与习近平主席所宣布的'一带一路'倡议正好相悖。'一带一路'倡议致力于发现不同文化之间的相通之处，如何让不同的人团结在一起，而不是人心背离。"在中国宁夏回族自治区银川市举办的中阿博览会，为阿拉伯世界与中国之间构筑起一个合作共赢的平台。在阿联酋迪拜，中东地区最大的小商品集散地"龙城"汇集了各类最新的中国商品。中国西部重镇银川、中东"梦幻之城"迪拜、埃及内陆小镇阿尔玛亚斯拉，这些相隔万里的城市，在"一带一路"倡议的推动下，被更加紧密地联系在一起。

最后，"一带一路"倡议促进文化交流。2013 年，新疆天山成功申请为世界自然遗产。2014 年，中国与吉尔吉斯斯坦、哈萨克斯坦联合申报的"丝绸之路：长安—天山廊道的路网"被列入世界文化遗产。从自然遗产到文化遗产，丝绸之路正在唤起人们对于历史的记忆，对于现实和未来的关注。当前，丝路基金、中国—欧亚经济合作基金顺利组建，中国每年资助 1 万名沿线国家新生来华学习或研修。伴随着教育、科技、文化、学术的交流与沟通，"一带一路"沿线的人们正在携手打造"智力丝绸之路""健康丝绸之路""绿色丝绸之路""和平丝绸之路"。

3. 共建"一带一路"有利于促进沿线国家和地区的安全和社会稳定，使恐怖主义"无处藏身"

冲突和动荡与恐怖主义互为因果，大国干涉是恐怖主义加剧的"助推器"。共建"一带一路"，能够缓和不稳定局势、铲除不安定因素、削弱恐怖主义滋生的土壤，是加强国际反恐合作的"上上策"。

首先，"一带一路"倡议倡导构建多极世界。不同于美国主张的单极世界及其推行的单边主义和霸权主义，中国希望与世界各国一道，通过共建"一带一路"互通有无、互相扶持、共同发展、共同繁荣。习近平主席指出，全球治理体制变革正处在历史转折点上。国际力量对比发生深刻变化，新兴市场国家和一大批发展中国家快速发展，国际影响力不断增强，是近代以来国际力量对比中最具革命性的变化。数百年来列强通过战争、殖民、划分势力范围等方式争夺利益和霸权的丛林世界，逐步向各国以制度规则协调关系和利益的方式演进。现在，世界上的事情越来越需要各国共同商量着办，建立国际机制、遵守国际规则、追求国际正义成为多数国家的共识。"一带一路"作为全球治理的中国方案的组成部分，弘扬古丝绸之路精神，倡导互通有无、合作共赢，与西方国家殖民道路有着天壤之别。

其次，"一带一路"倡议致力于用文明方式解决冲突和动荡。"伊斯兰国"的兴起与快速扩张，主要是利用伊拉克和叙利亚的内战冲突等混乱局势。虽然"伊斯兰国"的"国家"已经在形式上被铲除，但导致"伊斯兰国"泛滥的"土壤"仍然存在，甚至更加肥沃。一些国家面临的恐怖威胁依然严峻。在此背景下，"一带一路"倡议的顺利推行更显重要。2017年6月，习近平主席与阿富汗总统加尼会见时一致表示，共建"一带一路"取得积极进展，将稳步推进中阿互联互通项目，并加强反恐和安全合作。2018年3月27日，阿富汗问题高级别会议在乌兹别克斯坦首都塔什干举行，会议主题为"和平进程、安全合作与地区互联互通"。中方代表在会议上发言，呼吁国际社会支持阿富汗增强自主防卫能力，以有效应对恐怖主义、毒品走私等威胁；各方应尊重阿富汗人民自主选择的发展道路，积极帮助阿富汗增强自身发展能力；支持阿富汗深度参

2018年3月27日，阿富汗问题高级别会议在乌兹别克斯坦首都塔什干举行。

与区域经济合作和互联互通建设，共享地区发展的机遇和成果。

最后，"一带一路"倡议提倡独立自主、反对大国干涉。国际恐怖主义肆虐既有一些地区和国家的内在因素，也有大国博弈的外在作用。通过共建"一带一路"，可以促进发展中国家的经济社会发展，进而更少地受制于人，势必使恐怖分子的生存空间被空前挤压，使其失去"藏身地"和"保命所"。这是全球治理体系的新探索、新路径，是为世界提供的一项充满东方智慧、谋求共同繁荣发展的中国方案。这条互尊互信、合作共赢、文明互鉴之路，将承载更大的历史使命，凝聚丝路沿线各国各地区人民的共同力量，助力实现人类社会和平与发展的共同梦想。

三、坚持"新安全观"，有效解决"一带一路"建设中面临的恐怖威胁问题

恐怖威胁已成为"一带一路"建设所面临的突出的安全风险与挑战。

有效应对"一带一路"建设所面临的恐怖威胁问题，就必须坚持"新安全观"。习近平总书记提出的"新安全观"，着眼新的全球发展背景，契合当今时代潮流，符合绝大多数国家人民的共同心愿。"新安全观"主张和平与发展，坚持"共同安全、综合安全、合作安全、可持续安全"，与各国走共建、共享、共赢的安全之路。

习近平总书记强调，必须坚持统筹发展和安全两件大事，既要善于运用发展成果夯实国家安全的实力基础，又要善于塑造有利于经济社会发展的安全环境。

（一）坚持国际合作的"新安全观"

在全球化带来的新的国际环境下，坚持合作共赢的"新安全观"，是习近平新时代中国特色社会主义思想的重要内容。党的十九大报告强调，统筹发展和安全，增强忧患意识，做到居安思危，是我们党治国理政的一个重大原则。2018 年 4 月 17 日，习近平总书记在十九届中央国家安全委员会第一次会议上强调，要加强党对国家安全工作的集中统一领导，正确把握当前国家安全形势，全面贯彻落实总体国家安全观，努力开创新时代国家安全工作新局面，为实现"两个一百年"奋斗目标、实现中华民族伟大复兴的中国梦提供牢靠安全保障。

2017 年 9 月 26 日，习近平主席在国际刑警组织第 86 届全体大会开幕式上发表主旨演讲指出，要有效应对人类面临的困难和挑战，合作是我们唯一的选择。世界命运应该由各国共同掌握，全球事务应该由各国共同商量。当今世界，没有绝对安全的世外桃源。安全问题是双向的、联动的，只顾一个国家安全而罔顾其他国家安全，牺牲别国安全谋求自身的所谓绝对安全，不仅是不可取的，而且最终会贻害自己。覆巢之下，安有完卵？各国都有平等参与国际和地区安全事务的权利，也都有维护国际和地区安全的责任。大国具备更多资源和手段，应该发挥好自己的作用，同时要支持和鼓励其他国家特别是广大发展中国家广泛平等参与全球安全治理，大家共同发挥作用。各国应该树立共同、综合、合作、可持续的全球安全观，树立合作应对安全挑战的意识，以合作谋安全、谋稳定，以安全促和平、促发展，努力为各国人民创造持久的安全稳定环境。

（二）"一带一路"建设面临的恐怖威胁问题与挑战

"一带一路"建设，既是通过政策沟通、设施联通、贸易畅通、资金融通、民心相通，实现构建人类命运共同体的重要抓手，也是解决"和平赤字、发展赤字、治理赤字、信任赤字"，实现互利共赢共享和地区和平稳定的重要途径，还是中国投身全球化的决心、诚心与信心的具体

2017 年 5 月 14 日，正在北京出席"一带一路"国际合作高峰论坛的国际刑警组织秘书长斯托克在接受记者专访时表示，"一带一路"倡议为加强全球安全合作提供了新平台。

呈现，彰显出负责任大国的胸怀和使命担当。但是，在地区热点持续动荡、国际秩序深刻复杂演变的时代背景下，"一带一路"也面临一定的安全挑战。

1. "双重标准"牵制国际反恐合作

西方国家常常对恐怖组织与恐怖分子实行"双重标准"。如中国新疆的恐怖分子、俄罗斯车臣恐怖分子都曾被美国视为"自由战士"，中俄对恐怖分子的打击也被其视为"侵犯人权"。在"双重标准"逻辑下，某些国家为实现其所谓的战略平衡，有可能明里暗里利用恐怖主义进行政治博弈，将它作为破坏"一带一路"建设的手段，甚至将国际恐怖组织"祸水东引"，掣肘中国发展和实现民族复兴。这在历史上不乏先例。20 世纪 80 年代，美国为遏制苏联南下印度洋，暗地里支持在阿富汗的恐怖组织对抗苏联。"基地"组织领导人本·拉登就是美国重要扶持对象之一。当前叙利亚的形势很有可能也是美国"如法炮制"，借"化武袭击"对叙利亚进行轰炸，客观为恐怖分子在叙利亚的生存"扫清障碍"，实现制衡俄罗斯及其支持的叙利亚政府军的目的。

2. 西方的质疑、歪曲与抹黑制约共建"一带一路"顺利进行

首先，世界上一些国家不愿看到中国崛起，不能忍受别的大国与自己"平起平坐"，否认中国一直为世界和平与发展所作出的一切努力，坚持认定"一带一路"建设危及其自身利益。美国在亚洲积极推行"印太战略"，用意十分明显，即抵制、抗衡中国的"一带一路"倡议。

其次，"一带一路"沿线的东南亚、南亚、中亚、西亚乃至中东欧都是大国角力的热点区域，鉴于这些地区地理位置独特、战略意义突出，某些西方大国不断唱衰甚至抹黑"一带一路"倡议。有的认为"一带一路"倡议是中国版的"马歇尔计划"，旨在实现中国地缘政治的扩张，重新

划分二战以后形成的国际政治体系和全球经济格局①；有的认为中国有"新霸权主义"倾向，强调中国借建设"一带一路"巨额融资贷款控制沿线国家的基础设施和自然资源，进而控制其贸易政策，介入沿线国家内政外交②。

3. 战争与冲突、地区热点问题成为影响"一带一路"建设的重大威胁

"一带一路"沿线部分国家政局不稳、派系争端严重、安全形势严峻，给"一带一路"建设带来了现实风险和潜在挑战。例如，长期存在的印度—巴基斯坦冲突，使得"一带一路"重点建设工程"中巴经济走廊"面临一定程度的安全风险。"一带一路"沿线部分国家的结构性矛盾和历史性冲突成为恐怖主义形成的深厚土壤，为恐怖分子提供了成长温床。"恐怖分子不是天生的，而是造成的"，一些国家和地区战乱多发、纷争不断、教派冲突严重，势必导致恐怖活动的多发频发。这一态势会直接影响投资环境和互联互通，甚至影响双边多边政治议程，迟滞"一带一路"重点项目建设。

4. 本国恐怖势力的"外溢"加剧恐怖主义防范的难度

随着反恐严打专项工作在中国境内的纵深推进，之前活跃的"东伊运""东突厥斯坦解放组织""世维会""东突厥斯坦新闻信息中心"等恐怖组织，在中国境内策划、实施恐怖袭击难度加大，极有可能将"攻击目标"转移至境外，尤其是针对"一带一路"沿线国家的中国驻外机构、海外公民、基础设施等进行破坏，以达到其阻挠、破坏"一带一路"

---

① SHARMAN B K, KUNDU N D. China's One Belt One Road: Initiative, Challenges and Prospects. New Delhi: Vij Books India Pvt Ltd, 2016:10.

② 郑启航、郭永良：《"一带一路"的安全治理：框架与图景》，《中国人民公安大学学报》2018 年第 1 期，11—18 页。

建设进程的目的。2016 年"东伊运"对中国驻吉尔吉斯斯坦大使馆实施的"8·30"恐袭案，就是其中的典型[1]。

（三）以总体国家安全观为统领，建立全球反恐统一战线，消除恐怖主义滋生的根源

习近平主席在联合国 70 年峰会上指出，历史是一面镜子，以史为鉴，才能避免重蹈覆辙。对历史，我们要心怀敬畏、心怀良知。历史无法改变，但未来可以塑造。铭记历史，不是为了延续仇恨，而是要共同引以为戒。传承历史，不是为了纠结过去，而是要开创未来，让和平的薪火代代相传。"一带一路"沿线多个国家和地区地缘政治形势复杂、历史问题突出、宗教矛盾尖锐、战乱不断、恐怖袭击频发。因此，只有及时总结过往在国际反恐工作中取得的经验教训，才能最终根除恐怖主义，并保障"一带一路"建设的顺利推进。

1. 摒弃"双重标准"，树立全球反恐"一盘棋"思想

恐怖主义既是地区问题，也是全球问题。当前，恐怖主义和极端思潮泛滥，恐怖主义活动与跨国有组织犯罪的联系越来越密切，恐怖活动四处蔓延，是对全球和平与发展的严峻考验。任何国家单打独斗都难以解决问题，必须树立全球反恐"一盘棋"思想。

打击恐怖主义和极端势力，需要凝聚共识。恐怖主义不分国界，也没有好坏之分，因此反恐绝不能搞"双重标准"。过去有些国家在政治上持"双重标准"，导致反恐合作相对迟滞，但最近几年正不断取得突破。例如，英国已经将"东突"组织列入恐怖组织黑名单，这是达成共识的

---

[1] 郑启航、郭永良：《"一带一路"的安全治理：框架与图景》，《中国人民公安大学学报》2018 年第 1 期，11—18 页。

第一步，只有双方确认了共同的安全威胁，才能有更进一步的合作。"双重标准"一日不弃，恐怖主义就会继续肆虐，国际社会将永无宁日。

2. 坚持"标本兼治"，倡导共同、综合、合作、可持续的新安全观

当今世界，安全的内涵和外延更加丰富，时空领域更加宽广，各种因素更加错综复杂。全球各国大小、强弱、贫富各不相同，历史文化传统和社会制度千差万别，安全利益和诉求也多种多样。世界上没有一个国家能脱离世界安全建立自身安全，也没有建立在其他国家不安全基础上的自身安全，大家利益交融、安危与共，日益成为一荣俱荣、一损俱损的命运共同体。

"明者因时而变，知者随世而制"。形势在发展，时代在进步。要跟上时代前进的步伐，就要摒弃冷战思维、零和博弈的旧思维、旧理念，倡导人类命运共同体意识，倡导共同、综合、合作、可持续的新安全观。各国应通过坦诚深入的对话沟通，增进战略互信，减少相互猜疑，求同化异、和睦相处。各国应着眼共同安全利益，从低敏感领域入手，积极培育合作应对安全挑战的意识，不断扩大合作领域、创新合作方式，以合作谋和平、以合作促安全。要坚持以和平方式解决争端，反对动辄使用武力或以武力相威胁，反对为一己之私挑起事端、激化矛盾，反对以邻为壑、损人利己。

要着力推进区域安全合作。中国同周边国家毗邻而居，开展安全合作是共同需要。要坚持互信、互利、平等、协作的新安全观，倡导全面安全、共同安全、合作安全理念，推进同周边国家的安全合作，主动参与区域和次区域安全合作，深化有关合作机制，增进战略互信。在传统安全威胁和非传统安全威胁因素相互交织的背景下，各国应在尊重各自传统安全的基础上，更深入开展非传统安全合作。这方面的合作空间非常广阔，各类中外安全对话平台可以为此作出努力，更好地保障各国民众利益。

在"一带一路"建设过程中，中国须加强与沿线国家和地区的反恐合作，升级反恐技术手段，编织社会反恐网络，加大对网上网下恐怖分子活动的打击力度。

对于对世界安全造成巨大威胁的核恐怖主义，我们要深化打击核恐怖主义的国际合作，消除核安全隐患和核扩散。治标还要治本。只有营造和平稳定的国际环境，发展和谐友善的国家关系，开展和睦开放的文明交流，才能从根源上解决核恐怖主义和核扩散问题，实现核能的持久安全和发展。

中国一直坚持多边主义，不搞单边主义；主张奉行双赢、多赢、共赢的新理念，扔掉"我赢你输、赢者通吃"的旧思维。协商是民主的重要形式，也应该成为现代国家治理的重要方法，要倡导以对话解争端，以协商化分歧。我们要在国际和区域层面建设全球伙伴关系，走出一条对话而不对抗、结伴而不结盟的国与国交往新路。大国之间相处，要不冲突、不对抗，相互尊重，合作共赢；大国与小国相处，要平等相待，践行正确义利观，义利相间，义重于利。总之，各国应创新安全理念，搭建地区安全和合作新架构，努力走出一条共建、共享、共赢的全球安全之路。

3. 综合施策，妥善解决地区热点问题

首先，明确重点，有力打击"三股势力"。一是当前应以打击宗教极端主义和网络恐怖主义为重点，着力铲除封堵恐怖极端思想的根源和传播渠道，加强对其渗透的防范和监控，避免其受外部势力操控破坏地区安全稳定，制造社会动乱；二是更新应对手段，加强金融监管，切断恐怖主义获取资金的渠道；三是着力加强网络反恐，坚决打击利用新媒体等渠道策划和煽动恐怖活动，遏制恐怖主义利用互联网从事恐怖传播的活动[①]。

其次，多策并行，妥善解决地区热点问题。一是帮助叙利亚等中东国家尽快恢复稳定，遏制恐怖主义蔓延猖獗之势；二是多管齐下，综合施策，协调推进地区安全治理，统筹维护传统和非传统领域安全；三是通过共建"一带一路"，促进巴基斯坦、阿富汗、叙利亚、伊拉克等"恐怖策源地"发展经济，促进政治、经济、文化的交流，根除恐怖主义滋生的土壤；四是形成统一应急机制，各国应在国家层面健全分级响应机制，在跨国信息沟通、反恐经验交流、情报分享、线索核查、执法合作等领域开展合作，共同防范和打击一切形式的恐怖主义；五是完善法律法规，对核材料和核设施安保要实现立法全覆盖，对于新风险要加紧弥补相关法律空白。

最后，综合施策，解决核恐怖主义问题。当今世界仍不太平，国际热点此起彼伏，加强全球安全治理刻不容缓。核恐怖主义是全人类的公敌，核安全事件的影响超越国界。伊朗核问题的解决为我们提供了不少启示。第一，对话谈判是解决热点问题的最佳选择。对话协商虽然费时费力，但成果牢靠。第二，大国协作是处理重大争端的有效渠道。大国要像伊朗核问题六国那样成为解决问题的中流砥柱。第三，公平公正是达成国际协议的基本原则。各国的正当关切都应该得到妥善解决。国际争端要公正解决，搞双重标准行不通。第四，政治决断是推动谈判突破的关键因素。各方应当抓住主要矛盾，在关键时刻作出决断。核恐怖主义威胁非对称性和不确定性突出，日常预防和危机应对要双管齐下。一方面，要做到见之于未萌、治之于未乱，筑牢基本防线，排除恐怖分子利用国际网络和金融系统兴风作浪等新风险；另一方面，要准确评估风

---

① 《习近平关于总体国家安全观论述摘编》，北京：中央文献出版社，2018 年。

2015 年 3 月，中国武警部队与斯里兰卡陆军首次"丝路协作—2015"联合训练拉开帷幕，此次联训旨在推动中斯双方相互学习借鉴训法战法，共同提高反恐能力，为中斯共建 21 世纪海上丝绸之路作出贡献。

险，果断处置事态，及时掌控局势。

求木之长者，必固其根本。寻求治本之道，始终是我们的目标。我们要铭记全人类福祉，构建以合作共赢为核心的新型国际关系，推进全球安全治理，维护和平稳定的国际环境，促进各国普遍发展繁荣，开展和而不同、兼收并蓄的文明交流。唯其如此，才能早日铲除滋生核恐怖主义的土壤。

4. 着眼长远，从源头肃清恐怖主义滋生的温床

首先，近年来国际社会加大反恐合作，恐怖组织蔓延势头得到遏制，但恐怖主义毒瘤并未根除。中国主张建立全球反恐统一战线，消除恐怖主义滋生的根源，切断恐怖主义获取资金的渠道，遏制恐怖主义利用互联网从事恐怖传播活动。中国是恐怖主义的受害者，身处国际反恐斗争

前沿，我们将积极参与国际反恐合作，为其他国家加强反恐能力建设提供支持，共同为各国人民撑起安全伞。

其次，坚持合作共建，实现持久安全。"单者易折，众者难摧"，要有效应对人类面临的困难和挑战，合作是我们的唯一选择。世界命运应该由各国共同掌握，全球事务应该由各国共同商量，当今世界没有绝对安全的世外桃源。

再次，完善反恐运行机制。要坚持党政军警民五位一体开展安全治理，以反恐框架为基础，推进反恐框架、海外利益维护框架和人类命运共同体构建框架等三个框架的无缝衔接，以维和式（派遣维和力量参与任务区反恐）、护航式（在亚丁湾、索马里等海域参与海上反恐）、介入式（以保护大使馆等海外重点目标介入）、绑定式（安全力量随企业一起派出）、基地式（瓜达尔港、吉布提港建设等）、区域组织式（上海合作组织等）、联合执法式（瓦罕走廊等边境地区的联合执法等）、合作平台式（中国与东盟等）等方式积极稳妥地推进我国的执法力量、民间安保力量和武装力量"走出去"，打造战略支点，编织合作纽带，努力做到国家利益延伸到哪里，安全保障就跟进到哪里[①]。

最后，在重点方向上，继续做好标志性工程的安全保障工作，加强与沿线关键地区和国家的对话交流，对重点项目进行风险评估，深入开展情报工作，分类分阶段应对各种恐怖风险，确保"一带一路"建设稳步推进。

中国人民历来富有正义感和同情心，历来把自己的前途命运同各国人民的前途命运紧密联系在一起，始终密切关注和无私帮助仍然生活在

---

① 郑启航、郭永良：《"一带一路"的安全治理：框架与图景》，《中国人民公安大学学报》2018年第1期，11—18页。

战火、动荡、饥饿、贫困中的有关国家的人民，始终愿意尽最大努力为人类和平与发展作出贡献。

中国人民这个愿望是真诚的，中国决不会以牺牲别国利益为代价来发展自己，中国发展不对任何国家构成威胁，中国永远不称霸、永远不搞扩张。只有那些习惯于威胁他人的人，才会把所有人都看成是威胁。对中国人民为人类和平与发展作贡献的真诚愿望和实际行动，任何人都不应该误读，更不应该曲解。人间自有公道在！

中国将继续高举和平、发展、合作、共赢的旗帜，始终不渝走和平发展道路、奉行互利共赢的开放战略。中国将继续积极维护国际公平正义，主张世界上的事情应该由各国人民商量着办，不会把自己的意志强加于人。中国将继续积极推进"一带一路"建设，加强同世界各国的交流合作，让中国改革发展成果造福人类。中国将继续积极参与全球治理体系变革和建设，为世界贡献更多中国智慧、中国方案、中国力量，推动建设持久和平、普遍安全、共同繁荣、开放包容、清洁美丽的世界，让人类命运共同体建设的阳光普照世界！

参考文献

一、中文文献：

（一）专著

1. 习近平：《习近平谈治国理政》第二卷，外文出版社，2017年。

2. 习近平：《关于总体国家安全观论述摘编》，中央文献出版社，2018年。

3. 陆忠伟：《把脉世界》，中央编译出版社，2009年。

4. 中国现代国际关系研究所反恐怖研究中心：《国际重大恐怖案例分析》，时事出版社，2003年。

5. 孙昂：《国际反恐前沿——恐怖主义挑战国际法》，黑龙江教育出版社，2013年。

6. 李伟：《国际重大恐怖案例分析》，时事出版社，2003年。

7. 林泉：《航空恐怖主义犯罪的防范与控制》法律出版社，2015年。

8. 任筱锋、郑宏、梁巍：《国际反对恐怖主义公约汇编》，世界知识出版社，2015年。

9. 中国国际问题研究基金会俄罗斯中亚研究中心：《中亚区域合作机制研究（论文集）》，世界知识出版社，2009年。

10. 刘恩照：《国际恐怖主义》，世界知识出版社，2006年。

11. 王逸舟：《恐怖主义溯源》，社会科学文献出版社，2002年。

12. 中国现代国际关系研究院美欧研究中心：《反恐背景下的美国全球战略》，时事出版社，2004年。

13. 杨洁勉等：《国际反恐合作：超越地缘政治的思考》，时事出版社，2003年。

14. 陈东晓：《全球安全治理与联合国安全机制改革》，时事出版社，2012年。

15. 王逸舟：《全球时代的国际安全》，上海人民出版社，1999年。

16. 杨光、温伯友：《中东非洲发展报告2001—2002》，社会科学出版社，2002年。

17. 师维、孙振雷等：《中国反恐怖主义法研究》，中国人民公安大学出版社，2016 年。

18.《防范和应对恐怖主义活动知识读本》，人民日报出版社，2015 年。

（二）译著

19. 艾哈迈德·拉希德：《塔利班：宗教极端主义在阿富汗及其周边地区》，钟鹰翔译，重庆出版社，2015 年。

20. 维克托·V. 拉姆拉伊：《全球反恐立法和政策》，杜邈译，中国政法大学出版社，2016 年。

（三）论文

21. 李少军："恐怖主义的界定"，载《国际纵横》1995 年第 2 期。

22. 王明进："后冷战时期恐怖主义的特点与国际反恐合作"，载《国际政治》2004 年第 1 期。

23. 李伟："国际恐怖主义问题的回顾与展望"，载《现代国际关系》2000 年第 1-2 期。

24. 杨明杰、何希泉、李伟等："恐怖主义根源探析"，载《现代国际关系》2002 年第 1 期。

25. 王震："'9·11'以来全球反恐困境探析"，载《社会科学》2017 年第 9 期。

26. 李伟："国际恐怖与反恐怖斗争态势的变化"，载《现代国际关系》2010 年第 6 期。

27. 陆忠伟："反恐十思：'9·11'15 年回眸"，载《人民政协报》2016 年第 9 期。

28. "2003 年世界大势前瞻"，载《现代国际关系》2003 年第 1 期。

29. 李伟："2004 年的国际恐怖与反恐斗争形势综述"，载《国际资料信息》

2005 年第 2 期。

30. 马愿："'2017 年全球恐怖主义指数报告'解读"，载《国际研究参考》2018 年第 2 期。

31. 李伟："国际反恐与防扩散"，载《领导文萃》2010 年第 5 期。

32. 李伟："恐怖主义仍对国家安全构成主要威胁"，载《中国党政干部论坛》2003 年第 1 期。

33. 闵剑："评《防止和惩治恐怖主义公约》"，载《江苏警官学院学报》2005 年第 6 期。

34. 申志宏、苏瑞林："后 9·11 时代欧盟反恐政策探析"，载《国际论坛》2015 年第 24 期。

35. 古丽娜扎提·吐尔逊、阿地力江·阿布来提："中亚反恐法律及其评析"，载《俄罗斯中亚东欧研究》2010 年第 5 期。

36. 朱素梅："二十世纪的民族主义与恐怖主义"，载《世界民族》2000 年第 3 期。

37. 李伟、杨明杰等："国际反恐的困境与启示"，载《现代国际关系》2004 年第 2 期。

38. 蒋娜："国际反恐合作与不引渡问题探析——以首例'核暗杀'事件嫌疑犯的引渡案为切入点"，载《现代法学》2009 年第 31 卷第 4 期。

39. 顾震球："国际反恐：联合国发挥独特优势"，载《瞭望》2001 年第 44 期。

40. 尼古拉·科索拉波夫："新俄罗斯和西方战略"，载《世界经济和国际关系》1994 年第 2 期。

41. 夏立平："美国'重返东南亚'及其对亚太安全的影响"，载《现代国际关系》2002 年第 8 期。

42. 李本先、周艳萍、梅建明等："10·28 恐怖事件对我国反恐工作的启示"，载《中国人民公安大学学报》2007 年第 3 期。

43. 陆忠伟："'中国声音'唱响联合国"，载《光明日报》2015 年 9 月 28 日。

44. 中国现代国际关系研究院世界政治所课题组："世界正经历前所未有的大调整"，载《现代国际关系》2018 年第 1 期。

45. 冯仲平："新时期中国外交任重道远"，载《现代国际关系》2017 年第 8 期。

46. "联合国的现在与未来"，载《现代国际关系》2002 年第 9 期。

47. 曹云龙："携手共建人类命运共同体"，载《中国政治与国际政治》2017 年第 10 期。

48. 李建红："落地生根开花结果——招商局集团践行'一带一路'倡议的探索实践"，载《求是》2017 年第 9 期。

49. 郑启航、郭永良：" '一带一路'的安全治理：框架与图景"，载《中国人民公安大学学报》2018 年第 1 期。

二、英文文献：

1.SHARMAN B K, KUNDU N D. China's One Belt One Road: Initiative, Challenges and Prospects, New Delhi: Vij Books India Pvt Ltd, 2016.

2.Anna Cornelia Beyer: Counterterrorism and International Power Relations: The EU, ASEAN and Hegemonic Global Governance, London: I. B. Tauris Publishers, 2010.

3.Richard Perle: Is the UN the Only Institution that Can Legitimize Force, New Perspectives Quarterly Volume 20, Issue 1, 2003.